사소한 것들의 인문학

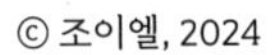

사소한 것들의 인문학

역사의 파편에서 현재를 읽다

조이엘 지음

섬타임즈

프롤로그

서울을 떠나 제주, 애월 바닷가에 정착했다. 애월涯月에서 애涯는 '물가'라는 뜻이다. 월급 빼곤 다 오른다고 할 때 그 물가가 아니라 '물 근처'라는 의미. 살아보니 애월은 어떤 날엔 '바다에 비친 달'이었고, 또 다른 날엔 '달 뜨는 해변'이더라. 성산이나 서귀포를 갔다가 오는 길, 애월이라는 표지판만 봐도 마음이 푸근했다.

하지만 사는 게 어디 그렇기만 하던가. 희노애락애오욕喜怒哀樂愛惡慾이 분초 단위로 겹치는 게 우리 생애.

문득 생애를 한자로 보니 生'涯'다. 물가로는 해석이 불가능해 사전을 뒤지니 또 다른 뜻이 '한계'다.

장자에 이런 구절이 있다.

吾生也有涯 오생야유애

'삶은 한계가 있다.'

장자는 삶의 한계를 '생이 있으면 반드시 죽음이 있다'로 설명했다. 하나 마나 한 소리.

진짜 '삶의 한계'는 뭘까?

우리는 한 번도 해본 적 없는 일을 하고 있다. 사는 것 말이다. 남산 위의 저 소나무, 남쪽 나라 찔레꽃, 킬리만자로의 표범으로 사는 게 어쩌면 더 쉬울 것 같기도 하다. 동식물과 달리 인간은, 육체는 완성되었지만 마음은 늘 되어가는 과정에 있으므로.

처음 살아보는 삶이니 서툴고 힘들다. 그러니, 어제의 나에 대해서 조금은 관대해지자. 하지만 비겁하지는 말자. 그렇게 생이 내게 던진 한계를 끌어안고 싶다.

이 책에 등장하는 실존 인물들 역시 각자 방식으로 생의 한계를 해석하고, 살아냈다. 교과서로 삼던, 반면교사로 삼던, 해석은 오롯이 독자들 몫이다.

조이엘

차례

일러두기

☺ 이 책의 각주는 독자들의 이해를 돕기 위해 작가가 덧붙인 주입니다.
☺ 본문과 각주에 인용한 실록 내용 중 일부는 작가가 풀어썼습니다.
☺ 책 제목은 《 》, 단편, 시, 잡지, 신문, 영화 등은 〈 〉로 표기했습니다.
☺ 작가의 의도를 잘 전달하기 위해 일부 문장은 작가의 입말을 그대로 살렸습니다.

미래는 과거를 닮는다.
물 한 방울이
다른 물 한 방울을
닮는 것보다 훨씬 더.

—이븐 할둔 Ibn Khaldun

001

반드시 미치는 나이

"내가 왕이 될 상인가?"

인공지능이 0.1초만에 계산한다.

- 당신 할아버지는 왕(중종)입니다. + 10
- 하지만 당신 아버지는 왕이 아닙니다. - 100
- 게다가 당신은 셋째 아들입니다. - 500
- **그래서 당신이 왕이 될 확률은 0.000001%입니다.**

인정하기 싫은 진실을 남이, 그것도 기계 덩어리가 지적하니 이 자식 봐라, 한번 해보자는 거지.

"방법이 없을까?"

"이마에 왕王자라도 새기고 다니시던지요."

내가 돌아이냐며 컴퓨터를 뽀개버린 아이, 딱 사춘기다.

"저는요, 미친 열일곱이에요. 삼촌이 그러시더군요. 열일곱 살이면 반드시 미치는 나이래요."[1]

---

1 청소년은 물론 어른도 꼭 읽어야 할 책이다. 레이 브래드버리, 《화씨 451》, 박상준 역, 황금가지, 2019, 20쪽.

002

실패한 과외

왕이 될 가능성이 아예 없어 제왕학 수업을 하나도 이수하지 않았던 고1 청소년이, 1567년 덜컥 왕위에 오른다. 조선 14대 임금 선조다.

이게 나라냐, 라는 말이 나올까 봐 칠순을 바라보는 퇴계 이황이 나선다. 당대 최고 지성이 파이팅해서 '제왕학 족집게 과외'를 속성으로 시전[1]했다. 하지만 성적표가 허접하다.

- 자기 성찰: 부족
- 그릇 사이즈: 초밥집 간장 종지

1 게임이나 무협 소설에서 자주 쓰이던 '시전'이 젊은이들을 중심으로 실생활에서 널리 사용되고 있다. '보여주다', '선보이다' 정도 의미다.

- 귀: 엄청 얇음[2]
- 스승에 대한 존경심은 강하나, 충고는 가려서 들음[3]

얼마 남지 않은 자기 수명 안에는 개선이 불가능하다고 결론 내린 퇴계. 여러 차례 사직서를 비대면으로 올리지만 결재가 떨어지지 않는다. 그러자 선조를 직접 만나 설득한다. 중국 최고 시인이자 시성詩聖으로 추앙받는 두보 시로 운을 뗀다.

酒債尋常行處有주채심상행처유

人生七十古來稀인생칠십고래희[4]

술 때문에 외상은 여기저기 어디에나 있는데

인생 칠십은 옛날부터 도달하는 자가 드물다.

"70세는 고희古稀, 즉 도달하기 힘든 경지입니다. 두보는

---

2 상이 처음 즉위했을 때는 영명英明하고 영오穎悟하여 온 나라가 성덕이 성취되기를 기대하였다. 그런데 얼마 안되어 시속의 말들이 날마다 탑전에서 떠들어대므로 상의 뜻이 유혹되지 않을 수가 없었다.《선조수정실록》 선조 2년(1569년 3월 1일).

3 일을 논의하고 처리하는 과정에서 독단의 슬기로 세상을 이끌어가려는 조짐이 없지 않으므로, 식자들은 그 점에 대해 미리 염려하고 있습니다.《선조수정실록》 선조 2년(1569년 3월 1일).

4 두보, 〈곡강曲江〉.

자신이 지은 노랫말대로 그 경지에 도달하지 못하고 59세에 죽었습니다. 그 힘든 걸 제가 곧 해낼 것 같습니다. 하지만 대가가 큽니다. 고지혈, 당뇨, 고혈압, 통풍, 오십견, 관절염, 배뇨장애 때문에 먹어야 하는 알약만 매일 한 주먹입니다. 내과, 정형외과, 비뇨의학과, 한의원을 격일로 가야 하고, 일 년에 두 번은 대형병원에 가서 몸속 작은 암세포를 추적 관찰합니다. 뭐, 제가 잘못 살아서 그런 건 아니고, 노화가 최고 발암 물질이라서 그렇습니다.

그러다 보니 생활 반경은 집과 병원을 두 초점으로 하는 좁디좁은 타원형으로 진즉에 줄어들었습니다. 친구들과 만나면 대화는 몸에 좋은 음식, 신통한 병원, 손주 자랑으로 한정됩니다. 나이가 들수록 선택권이 좁아져 이제는 살고 싶은 대로 사는 게 아니라 살아지는 대로 살고 있습니다."

대학자답게 마지막은 인용구다.

늙은이 머리 위에 내린 흰 눈은
봄바람으로도 녹일 수 없답니다.[5]

---

5 선조 때 선비 우홍적이 일곱 살에 지은 시다.

10대 제자로서는 도저히 이해할 수 없는 노년이지만 어쩔 수 없이 '아웃 서울'을 허락한다.

"건강이 회복되면 언제든 컴백하십시오."

말하는 이나 듣는 이나 구라임을 안다. 이번 생 마지막 대화임을 직감한 제자가 스승에게 인생 문장 하나와 인생 도서 한 권을 부탁한다.

003

항룡유회

선조의 부탁에 퇴계가 말한다.

"작년에 제가 말씀드렸던 항룡유회亢龍有悔를 기억하십니까?[1] 동양 최고 고전 《주역》에 나오는 말이지요.

항룡, 극한에 도달한 용에게는
유회, 반드시 후회가 있습니다.

스스로를 최고라고 생각하면
어진 사람을 무시하고
혼자만 아는 것처럼 세상을 통제하려 하고

1 《선조수정실록》 선조 1년(1568년 8월 1일).

아랫사람에게 겸손하지 않아서

반드시 망합니다.

1,400년 전 로마제국을 다스렸던 황제 마르쿠스 아우렐리우스[2]는 집무실에 노예 한 명을 두었습니다. 노예는 하루에 몇 번씩 외칩니다.

'폐하, 폐하는 인간이십니다.'

이게 바로 항룡유회 정신입니다. 부디 전하께서도 항룡유회를 매일 묵상하셔서 '겸손한' 왕이 되시기를 바랍니다."

---

2 121-180. 로마제국 16대 황제로 팍스 로마나를 이룬 마지막 황제다. 철학에 능통해 '철인황제'라고 부른다.

004

성학십도

“몇 달 전 올려드렸던 제 책《성학십도》, 공부하고 계시죠? 당나라 이전까지 유학은 임금을 ‘절대적 존재’ 혹은 ‘신의 대리인’으로 봤습니다. 수양이나 학습이 필요 없는, 말 그대로 킹이지요. 하지만 송나라에서 탄생한 성리학은 임금에게서 그런 지위를 박탈했습니다. 임금은 ‘인간적 존재’로 격하되었습니다.

우리 조선이 어떤 나라입니까? 내 나라, 라고 말씀하시면 참으로 큰일입니다. 조선은 유학, 좁혀 말하면 성리학 위에 세운 나라입니다. 임금은 그냥 ‘인간들의 우두머리’일 뿐입니다. ‘인간에 불과한’ 임금은 끊임없이 학습하고 성찰하고 수양해야 합니다. 그래야 공자님 같은 성인聖人이 될 수 있습니다.

그 방법을 쓴 책이 바로 《성학십도》입니다. 쉽게 공부하시라고 매끈한 도표 10개와 간단한 설명을 달았으니, 수능 준비하는 정성으로 열공하시면 성군聖君이 되실 겝니다."

마지막 강의를 깔끔히 마친 퇴계, 제 말빨에 취해 주섬주섬 가방을 챙기는데 제자가 김을 뺀다.

"스승님, 《성학십도》가 10개 챕터 아닙니까. 정권 초반이라 챙겨야 할 게 정말 많아 도저히 다 읽을 수가 없네요."

퇴계, 느낌이 쎄하다.

"각 챕터를 한 문장씩, 총 열 문장으로 줄여주시면 안될까요? 수첩에 적어서 매일 읽어보게요. 마지막 부탁입니다."

성리학 주요 개념을 1타 강사 수준으로 줄이고 도표까지 달았는데 그걸 또 줄여달란다. 공부 안 하겠다는 말이다. 그냥 제자였으면 쌍욕 날리고 니가 해, 라고 했겠지만 얘는 제자인 동시에 왕이잖은가. 해줘야지.

그래도 자존심이 상해 10개를 다 해줄 수는 없고, 마지막 9장과 10장만 요약해준다.

▪ 《성학십도》 9장(경재잠도) 한 줄 요약:

이웃을 하느님(상제) 모시듯 하십시오.[1]

▪ 《성학십도》 10장(숙흥야매잠) 한 줄 요약:

신하보다 더 열심히 사십시오.

"나머지 여덟 개는 직접 요약하시지요. 3일 후 마지막 인사 드리러 올 때 검사하겠습니다."

---

1 對越上帝 대월상제: 남을 대할 때는 상제님을 모시듯이 하고.

005

열심은 다 좋을까

3일 후인 1569년 3월 4일, 퇴계가 2년 차 초보 임금에게 이 세상 마지막 인사를 올리고 경복궁 편전을 나서는데, 아무도 몰래 대궐 안에 봄이 와 있다.[1]

온종일 다녀도 봄을 찾지 못해서
산꼭대기 구름 위까지 가보았지.
내려올 때 가만히 매화 향기 맡으니
봄은 이미 가지 위에 와 있었네.[2]

근정전 마당에 들어서니 다시는 볼 수 없는 풍경이라 새삼

1 《선조실록》 선조 2년(1569년 3월 4일).
2 중국 송나라 때 살았던 어느 여승이 지었다.

애처롭다. 근정전과 북악산, 북한산을 한 프레임에 넣어 셀카를 찍고 인스타에 올렸다. 대학자답게 해시태그도 근엄하다.

#꽃잎_하나_날려도_봄이_깎여나간다_두보

#근정전_지붕은_청기와

#이육사_내_손주_14대손

문득 근정전勤政殿 현판 글씨에 눈이 머문다. 정도전 작품이다. 공자가 쓴《서경書經》에서 따왔다.

근정勤政: 왕의 '열심'이 백성들 평안을 보장한다

중국 문왕은 빌딩 사러 팔도강산 돌아다닐 시간 없이, 무당들 불러 허튼소리 들을 시간 없이, 식사 시간도 아껴 백성을 위해 열심을 부렸다. 그 결과 주나라 백성은 두루두루 행복했다. 아들 무왕도 아버지를 본받아 훌륭한 임금이 된다. 공자가 꼽은 최고 임금 톱3 중 두 명이 이들 부자다. 퇴계도 그렇게 믿었고, 그렇게 살아왔다. 그런데 갑자기 의문이 든다.

"모든 열심은 다 좋은가?"

006

국가 비상사태

이런 사람들 종종 본다.

- 능력은 없는데, 자기주장이 강하다.
- 능력은 있는데, 자기주장이 약하다.

능력은 없는데 자기주장 강한 건 '과잉 오만', 능력은 좋지만 자기주장 약한 건 '과잉 불안' 때문이다. 둘 다 자신을 몰라서 그렇다.[1]

뭐 심각하게 생각할 건 없다. 평범한 우리 대부분은 양쪽 모두에 얼마쯤 발 딛고 있으니까. 큰 피해도 없다. 주변 사람

1 이런 걸 심리학에선 '더닝 크루거 효과Dunning Kruger effect'라고 한다.

들 혈압 지수를 살짝 올리는 정도랄까.

❶ 능력은 없는데 자기주장 강한 사람이 '상급자'가 되면 문제다.

❷ 능력은 없는데 자기주장 강한 사람이 상급자가 되어 '열심'까지 장착하면 사태는 심각해진다.

❸ 능력은 없는데 자기주장 강한 사람이 상급자가 되어 열심까지 장착했는데 그 사람이 '왕'이라면 국가 비상사태다.

퇴계는 근정전 너머 푸른 하늘 바라보며 빌고 또 빌었다.

제발 저런 왕이 등장하지 않기를.

제발 저런 대통령이 등장하지 않기를.

007

해마다 사람들은 조금씩 달라지네

궁궐, 사찰, 서원, 정자, 그리고 뼈대 있는 양반집 기둥엔 한자를 채운 널빤지가 액자처럼 걸려 있다. 이런 걸 '주련柱聯'이라 한다.[1]

퇴계는 경복궁 근정전을 벗어나기 전, 동쪽 행각들에 주르륵 걸린 주련들을 하나하나 눈에 담는다.

주련1

立愛敦親 敎民以睦입애돈친 교민이목

친척 간에 사랑하고 화목하니 백성들도 따라 한다.

---

1 한시에서 짝을 이루는 두 구를 하나로 묶어 연聯이라 부른다. 기둥에 붙이는 연이라고 해서 주련이다. 입춘 때 대문에 붙이는 '입춘대길', '건양다경'은 춘련春聯인데 요즘엔 춘첩자春帖字라 부르기도 한다.

주련2

好學樂善 爲世所宗호학낙선 위세소종

배우기를 좋아하고 착하니 백성들이 존경한다.

좋은 말이긴 한데 살짝 부담스럽다. 괜찮다. 왕을 위한 충고다. 3, 4, 5를 그냥 지나친 퇴계가 6번 주련 앞에 멈춘다.

주련6

王孫公子 芳樹下淸歌왕손공자 방수하청가

왕자들과 귀족 자제들이 나무 아래서 노래 부르네.

인물이나 배경이나 두루두루 샤방샤방, 부러운 분위기지만 원본은 사뭇 다르다.

낙양성[2] 동쪽에 핀 복사꽃(복숭아꽃)과 오얏꽃
이리저리 날리면서 누구 집에 떨어지나?

세월 가면 예쁜 용모 사라질까 젊은 아가씨
떨어지는 꽃잎 보고 탄식 소리 길어진다.

---

2 중국 하남성.

올해 꽃 지면 얼굴 한 살 늙어가니
내년 꽃 필 때는 누구 얼굴인들 그대로 있을까?

소나무와 잣나무도 잘려 땔감 되었고
푸르던 뽕나무밭 바다 되었다는 말도 들리네.

죽은 사람 아예 낙양으로 돌아오지 못하고
산 사람은 꽃 지게 하는 바람 맞고 있구나.

해마다 꽃들은 서로 비슷하건만
해마다 사람들은 조금씩 달라지네.[3]

얼굴에 윤기 나는 청춘들에게 말하노니
백발 늙은이를 매정하게 외면 말게.

저 늙은이 흰머리 참으로 가련해 보이지만
그도 옛날에는 너희처럼 꽃미남 청춘이었다네.

귀족 자제들과 왕족들 아름다운 나무 아래서

---

3 年年歲歲花相似 연년세세화상사
歲歲年年人不同 세세년년인부동

맑은 노래 젊은 춤, 꽃잎은 떨어지네.[4]

마지막일지도 모를 봄을 보내는 나이 든 사람의 마음을 묘사한 작품이다. 당나라 때 시인 유희이가 썼다. 유희이 장인 송지문이 썼다는 기록도 있으나 어차피 그게 그거다.

희한하게 이 시는 제목도 여러 개다. 그중 가장 유명한 두 개다.

〈대비백두옹代悲白頭翁〉

백발 노인 슬픔을 대신해

〈유소사有所思〉

생각나는 바 있어

6번 주련 앞에 오래 머물렀던 퇴계의 마음을 알 듯도 하다.

---

4 그 다음 내용은 이렇다. 광록대부 연못가 정자는 비단으로 장식되었고 발호장군 높은 정자엔 신선 그림 가득하네. 병들어 누우면 아무도 아는 체하지 않으니 봄날 즐거움이 누구에게 가 있을까? 숯 검댕 짙은 눈썹 천년만년 가지 않고 빽빽하던 모발도 순식간에 빠진다네. 예전부터 노래하고 춤추던 이곳에 지금은 해 질 녘 새들만 날고 있네.

008

세세년년인부동

7세기에 등장한 〈대비백두옹〉은 천 년 넘게 인용되는 영광을 누렸는데, 강렬한 두 줄 시어 덕분이다.

해마다 꽃들은 서로 비슷하건만
해마다 사람들은 조금씩 달라지네.

가장 최근 인용은 안중근 의사다. 1910년 이른 봄, 즉 사형당하기 한두 달 전, 한자 휘호를 남겼다.

年年歲歲花相似연년세세화상사
歲歲年年人不同세세년년인부동

009

안중근 의사가 남긴 말

안중근 의사가 감옥에서 남긴 휘호는 더 있다.

一日不讀書 口中生荊棘일일부독서 구중생형극[1]

孤莫孤於自恃고막고어자시[2]

見利思義 見危授命견리사의 견위수명[3]

歲寒然後 知松栢之不彫세한연후 지송백지부조

날씨가 추워진 뒤에야

---

1 하루라도 책을 읽지 않으면 입속에 가시가 돋는다. 원작자는 명나라 주지유(1600-1682)다. '3일간 책을 읽지 않으면 입에 가시가 돋고 3일간 가야금을 타지 않으면 손에 가시가 돋는다.'

2 스스로 잘난 척하는 것보다 외로운 것은 없다.

3 이익을 만나면 정의를 생각하고 위태로움을 보거든 목숨을 바쳐라.

소나무와 잣나무가 시들지 않음을 안다.

마지막 휘호는 공자님 말씀을 가져왔다. 원본은 이렇다.

歲寒然後 知松栢之後彫也세한연후 지송백지후조야[4]

날씨가 추워진 뒤에야

소나무와 잣나무가 다른 나무보다 나중에 시듦을 안다.

'후'만 '부'로 교환했다.[5] 똑같은 결이지만 공자님보다 안중근 의사가 더 세다.

공자님: 다른 나무들보다 나중에 시든다.

안중근: 아예 시들지 않는다.

안중근 의사 결기가 참 서늘하다.

---

4 《논어》.

5 마지막에 也야는 어조사로 뜻이 없다.

010

김유신과 비령자

647년 백제가 대군을 끌고 신라를 침공한다. 그 유명한 김유신이 나서도 방어가 쉽지 않다. 기가 꺾인 군사들이 싸울 생각을 하지 않자, 돌파구를 찾던 김유신은 술상을 차려놓고 부하 비령자丕寧子를 부른다. 술잔이 몇 번 돈 뒤 김유신이 던진 문장이다.

"□□□□ □□□□□□□□."

비령자가 비장하게 답한다.

"다른 사람도 많은데 저를 택하신 것, 영광입니다. 죽음으로 보답하겠습니다."

비령자가 종 합절을 불러 말한다.

"나는 오늘 나라를 위해 죽는다. 아들 거진이 내 모습을 보고 반드시 뒤를 따를 것이다. 아비와 아들이 한날한시에 죽으면 남은 어미 심정이 어떻겠느냐? 네가 거진을 잘 막아라."

비령자는 아들에게 마지막 인사도 하지 않고 적진으로 향했다. 그 모습을 본 거진이 과연, 창과 칼을 장착하고 말에 오른다. 합절이 말고삐를 틀어쥐고 운다.

"아버지 명령을 어기는 것은 효가 아닙니다."

거진은 합절을 뿌리치고 적진으로 돌진했다. 그러자 합절 역시 칼을 들고 적진으로 뛰어들며 말한다.

"내 주인들이 다 돌아가셨는데 살아서 무엇하겠는가?"

세 죽음을 지켜본 신라 군사들이 거짓말처럼 파이팅하게 되었고, 옛이야기 패턴대로 두루두루 해피엔딩이다.

김유신은 어떤 말로 비령자 마음에 불을 질렀을까?[1]

---

1 《삼국사기》.

011

세한연후

김유신이 비령자에게 던진 말이다.

歲寒然後 知松栢之後彫也세한연후 지송백지후조야

사실 공자님 말씀은 여러 갈래로 해석할 수 있다.

① 나라가 망할 위기에야 진짜 충신을 구별할 수 있다.
② 지조는 시련 속에서 빛난다.
③ 어려울 때 친구가 진정한 친구다.

비령자는 1번으로 해석했고, 그대로 실천했다.
김유신보다 23년 전에 이 말을 써먹은 신라 장군이 있다.[1]

1 《삼국사기》.

624년 신라 진평왕 때 백제가 쳐들어와 여러 성을 점령한다. 적은 병력으로 남은 성을 지키던 장군 눌최訥崔는 지원군이 오다가 백제 군사력에 쫄아 도망갔다는 소식을 듣고 절망한다. 눈물 흘리며 병사들에게 한 말이다.

至於歲寒 獨松柏後彫지어세한 독송백후조

"외로운 성에 지원군마저 없으니 이제야말로 의로운 장부가 절개를 지킬 때다. 그대들은 어떻게 하겠는가?"

병사들이 울면서 말한다.

"죽음을 두려워하지 않고 오직 장군 명령만 따르겠습니다."[2]

---

2 중국 노나라 장군 오기는 사병들과 같은 음식을 먹고, 같은 군복을 입고, 같은 숙소에서 잤다. 의전에는 무관심했고 하루 종일 사병들만 챙겼다. 사병들은 그런 오기를 존경했다. 어느 날 사병A 다리에 종기가 났다. 항생제가 없던 시절이라 죽을 수도 있었다. 오기는 입으로 종기를 빨아 고름을 제거해주었다. A는 물론 모든 병사들이 격하게 감동했다. 하지만 이 소식을 들은 A 어머니는 통곡한다. 왜?
A 아버지 역시 오기의 부하였다. 똑같이 종기가 났었고, 똑같이 오기가 입으로 치료해주었고, 똑같이 감동했고, 똑같이 전쟁터에 나가서 오기를 위해 싸우다 죽었다.
오기는 어떤 사람이었을까? 어머니 장례식에 가지 않았고, 출세를 위해 아내도 죽였다. 《자치통감》에 나오는 이야기다.

012

잊지 말자, 영원히

추사 김정희 역시 '세한연후'를 인용해 그림을 완성했다. 그래서 〈세한도〉(국보 180호)다. 김정희는 '어려울 때 친구가 진정한 친구'로 해석했다. 어떤 친구일까?

권력 쟁취를 향한 복잡한 파워게임에서 패배한 김정희는 사형 문턱에서 소생한다. 의심은 가는데 물증이 없다는 이유로. 여섯 차례 고문과 36대 곤장으로 너덜거리는 몸을 끌고, 상위 1%에서 바닥으로 떨어진 절망감을 얹어, 가문에 먹칠했다는 자괴감을 품고 제주로 유배 간다.

당시로선 '세상 끝'까지 갔으나 반대파들은 여전히 살기를 쏜다. 자신을 구명해줄 수도 있었을 절친은 갑자기 사망한다. 소맥, 치맥 같이 먹던 친구와 제자 들은 전화번호를 차단하고

SNS도 언팔한다. 그런데.

자신을 스승으로 모셨던 이상적만은 김정희를 버리지 않는다. 역관[1]이었던 이상적은 청나라 방문 때 구해온 귀한 책들을 스승에게 보냈다. 책 대신 롤렉스 시계나 디올백을 사서 실력자에게 바쳤으면 어떤 식으로든 출세에 도움이 되었을 텐데, 그 귀한 걸 몰락한 스승에게 선물한다.

잘나갈 때나 유배 중이나 한결같은 이상적에게 감동한 추사가, 제자를 진정한 친구로 인정하고 1844년 선물한 작품이 〈세한도〉다.

〈세한도〉를 그린 추사는 그림 오른쪽 아래에 네 글자로 된 빨간 인장印章[2]을 찍으면서 작품을 마무리한다.

長毋相忘장무상망

서로 잊지 말자. 영원히.

---

1 통역과 번역 업무를 담당한 관리.

2 도장.

013

왜 서둘러 지고 있니

경복궁을 나와 광화문 광장으로 걸어 들어가는 퇴계 얼굴로 봄꽃이 떨어진다.

"이렇게 화창한 봄날인데 왜 서둘러 지고 있니?"

진즉부터 대기하고 있던 절친들이 또또 허공에 혼잣말한다며 퇴계를 소리 질러 부른다. 오래도록 못 볼 테니 반주 몇 잔 곁들여 거나하게 먹고 놀잔다. 행복하게 웃으며 퇴계가 말한다.

"나이가 든다는 것은 쾌락 반경이 줄어든다는 것."

근처에서 커피 한 잔으로 끝내자는 의미다. 동네 식당 평범한 반찬에서 20만 원짜리 오마카세 기쁨을 누릴 수 있는 것, 그게 잘 늙은 노인이 누릴 수 있는 지혜다.

세상 권세 모두 누린 김정희가 칠십즈음에 남긴 말이다.

大烹豆腐瓜薑菜대팽두부과강채

高會夫妻兒女孫고회부처아녀손

세상에서 제일 맛있는 반찬은

두부, 오이, 생강, 나물 등 평범한 것들이고

세상에서 제일 훌륭한 모임은

부부, 자녀, 손자와 같이 있는 것이다.

퇴계와 지인들은 광화문 세종대왕 동상 앞에 말들을 나란히 주차한 후, 미국 대사관 뒤편 폴 바셋 매장으로 걸어가 산미 진한 아메리카노, 이별처럼 시큼한 커피를 한 잔씩 테이크아웃했다. 봄을 닮은 청춘들이 재잘재잘 키득키득 눈앞을 지나가니 퇴계 할아버지, 숨겨둔 꼰대력이 폭발한다.

BOYS, BE AMBITIOUS보이스 비 엠비셔스

청년들이여, 야망을 가져라.

여기서 끝나면 대책 없는 선동질 같다. 원본은 이렇다.

청년들이여, 야망을 가져라.

돈을 위해서도 말고

이기적인 성취를 위해서도 말고

명성이라는 덧없는 것을 위해서도 말고

단지 인간이 갖추어야 할 것을 얻기 위해서.

또또 꼰대질이다, 라며 핀잔을 주는 절친들과 한바탕 크게 웃은 퇴계는 이순신 장군 동상을 배경으로 단체 사진을 찍어 인스타에 올린 후 해시태그를 건다.

#내_친구들

#장무상망

꼰대라고 퇴계를 놀리던 친구 하나가 지나가는 청춘들을 보고 노래를 부르는데, 역시 꼰대 친구는 꼰대다.

화창한 봄날, 영원하리라 믿지 마라.

하늘이 어찌하여 너희들 편만 들어주겠니.

흰머리, 늘어진 피부, 너희들을 기다린다.

거저 얻은 젊음이라 사라지는 것도 금방.

014

읽히지 않는 책

커피 한 잔에 사진 한 장, 절친들과 쿨하게 헤어진 퇴계는 교보문고 광화문점으로 들어갔다. 자신이 쓴 책들 출고 현황을 확인하고 판매 전략을 수립하기 위해서였다. 퇴계 책만 취급하는 출판사 사장이 바짝 '쫄아' 인사한다.

"어험."

불편한 심기가 위벽을 거쳐 식도를 긁으며 올라온다. 심혈을 기울였고 그림까지 곁들인《성학십도》초판 1쇄가 반도 안 팔렸단다. 미간을 구긴 퇴계가 사장에게 질책인 양 던진다.

"왕을 위해 쓰긴 했지만 남녀노소 누구나 읽을 수 있는 책입니다.《성학십도》는 한마디로 성인聖人이 되는 법, 즉 공자님 같은 위인이 되는 비법을 쓴 책이니까요. 앞으론 청소년 교육이나 자기계발서로 광고하시는 게 좋을 듯합니다."

철학서가 안 팔리는 건 그렇다 치더라도 《활인심방活人心方》이 전혀 안 팔리는 건 의외였다. 사장이 말한다.

"선생님, 《활인심방》은 너무 빨리 세상에 나왔습니다. 건강과 내 몸 가꾸기에 열광인 21세기에 출판되었으면 100만 부는 팔았을 텐데 말입니다."

입구에서부터 퇴계를 안내해온 서점 점장, 기회다 싶어 퇴계에게 요청한다.

"퇴계 선생님, 《활인심방》은 500년 후에도 팔릴 위대한 스테디셀러입니다. 그때 광고 카피로 사용할 좋은 문장 하나 책에서 뽑아주시지요. 짧은 멘트도 남기시면 좋고요. 그야말로 저자 직강 아니겠습니까?"

점잖은 체면에 뒷짐 지고 헛기침만 했을 퇴계, 점장 말솜씨에 홀려 술술 부른다.

요즘 시중에 굴러다니는 의술서가 1,000여 종이다.

대부분 과장, 허위, 사기다.

21세기엔 쇼닥터들이 그러고 다닐 것이다.

이들을 피하는 게 건강과 돈을 지키는 일이다.[1]

매대에 쌓인 베스트셀러들을 하나하나 훑어본 퇴계가 혼잣말을 한다.

"옛날에는 작가들이 책을 쓰고 대중이 그것을 읽었는데, 요즘에는 대중이 책을 쓰고 아무도 그것을 읽지 않는구나.[2] 아메리카노 대신 모카커피에 휘핑크림이나 잔뜩 얹어 마실 걸 그랬다."

---

1 방송에 출연해 의학적으로 인정되지 않은 시술이나 치료법을 홍보하는 의사, 아직 임상은커녕 동물실험도 통과하지 않는 물질을 특효약처럼 선전하는 의사, 건강기능식품을 약처럼 넌지시 광고하는 의사, 즉 히포크라테스 선서를 정면으로 어기는 의사를 가리킨다. 원문은 이렇다. 然世之醫書 各家所編者 何假千本 粉然雜具 徒多無補

2 아일랜드 극작가 오스카 와일드(1854-1900).

015

16세기 소크라테스

교보문고를 나온 퇴계는 말에 올라 동쪽으로 향했다. 탑골 공원까지 1km를 쭉 나간 후 남쪽으로 말머리를 돌려 장통교(장교)를 타고 청계천을 건넜다. 435년 후 이곳은 '청계천 베를린 광장'이 된다. 베를린 장벽으로 사용되던 철근 콘트리트 조각을 독일 정부가 서울시에 기증해서 탄생한 초미니 광장이다.[1]

남쪽으로 300m를 더 내려오니 야트막한 언덕이 나온다. 300년 후 명동성당이 들어설 자리다. 언덕에 올라 경복궁과 민가들을 바라보며 70년 생애를 질문 세 개로 요약한다.

나는, 순전히 진실만을 말했는가?

---

1 서울시 중구 청계천로 86 한화빌딩 앞.

나는, 하나도 빠짐없이 말했는가?

나는, 목숨이 위험해도 말했는가?

프랑스 철학자 미셸 푸코Michel Foucault는 이런 사람을 파레시아스트parresiastes라고 불렀지만, 어렵다. 그냥 소크라테스라고 보면 얼추 맞다. 그래서 다시 질문하는 퇴계.

“나는 조선의 소크라테스였는가?”

그렇게 살아왔던 것 같다. 그런데 약간 눈에 밟히는 게 있다.

- 두 번 결혼이 모두 불행했다고 오랫동안 생각했다.[2]
- 과거 시험 과목이 변경되었다는 정보를 재빨리 아들에게 전했다.[3]
- 재산이 많았음에도 ‘가난 코스프레’를 즐겼다.[4]

---

2 제자 이평숙에게 보낸 편지.

3 시험 과목이 바뀐 줄 몰라 불이익을 받은 지방 선비들이 종종 있었다고 한다. 송기호,《과거보고 벼슬하고》, 서울대학교출판문화원, 2014, 152쪽.

4 퇴계가 죽고 16년 후 아들 이준이 남긴 분재기分財記(상속 문서)를 통해 유추할 수 있다. 퇴계는 부동산 34만 평, 노비 300명 정도를 보유했던 것으로 추정할 수 있다. ‘퇴계는 가난했다’는《조선왕조실록》인물평은 재산과 무관하게 검소했다는 뜻으로 이해할 수 있다. 조선에서 사회적 지위를 높일 수 있는 가장 확실하고 거의 유일한 방법은 문과에 급제해

조금 더 아내를 사랑했더라면, 조금 더 아들 장래에 초연했더라면, 조금 더 남들에게 베풀었더라면. 하지만 후회는 말자. 사람은 때로는 좋고 때로는 나쁜 법이니까.

"16세기 조선은 나와 함께 마감하고, 17세기 조선에는 나보다 더 나은 소크라테스가 등장하기를."

퇴계가 기도하던 바로 그 자리에, 명동성당 정문 바로 앞 주택에, 17세기를 대표하는 소크라테스가 살게 된다. 대학로 마로니에 공원 자리에서 태어나 여덟 살 때 이사 온 윤선도다.[5]

퇴계가 죽고 17년 후에나 태어날 윤선도지만 둘은 접점이 있다. 윤선도 6촌 할아버지들인 윤강중, 윤흠중, 윤단중 삼형제가 퇴계 제자였고, 윤선도는 율곡보다 퇴계 철학을 높게 평가했다.

관직에 오르는 것이었다. 과거 급제를 위해서는 유능한 선생에게 배우는 등 상당한 비용이 들었다. 즉, 경제력이 없으면 사회적 지위를 유지하기가 힘들었기에 퇴계나 송시열 등 철저한 성리학자들도 집안 재산 관리에 많은 관심과 노력을 투입했다.

5 서울시 중구 명동길 73. 이곳에 가면 집터 표지석이 있다.

016

서울 건천동

명동성당에서 시작해 동쪽으로 광희동 사거리[1]까지, 동서 2km쯤 되는 도로가 '마른내로'다. 제주 하천처럼 비올 때만 흐르고 평소에는 말라 있는 건천乾川(마른내)이 있어서 붙은 이름이다. 건천 주변 동네를 퇴계 당시에는 '건천동'이라 불렀다.[2]

명동성당 자리에서 묵상을 끝낸 퇴계는 마른내로를 따라 동쪽으로 찬찬히 이동했다. 500m쯤 가니 명보사거리 앞 이순신 생가가 나온다.[3] 몇 년 전 결혼했다는 소식을 제자 류성

---

1 동대문역사문화공원역.

2 서울시 중구 인현동과 상당 부분 겹친다.

3 서울시 중구 을지로18길 19. 생가 표지석이 있다.

룡으로부터 들었는데, 그때 안 보낸 축의금이 이제 와서 찝찝하다. 어쨌든 앞으로 나라를 잘 부탁한다.

남쪽으로 방향을 틀어 몇 발짝 걸으니 제자 허엽 집이다. 옛날, 허엽을 참 매정하게 평가했다.

“허엽은 독선적이고 논리가 빈약하다. 그래서 공부를 할수록 악해질 것 같다.”

나도 참, 그런 말을 꼭 했어야 했나 싶다. 몇 달 후면 허엽 6남매 중 막내가 강릉 외갓집에서 태어난다고 하니 같은 아비로서 맘이 좀 짠하다. 더구나 그 아들이 허균이라니.

017

그대여, 변치 않으시길

허엽 집 근처, 서울 자택에 도착한 퇴계는 다시 볼 수 없을 집 안 풍경을 눈에 담았다. 미리 준비하고 있던 제자 김취려를 길동무 삼아 대문을 나서야 하는데 발이 떨어지지 않는다.

김취려가 스승님 서울살이 적적하실까 선물했던 분매盆梅[1]에 자꾸 눈이 간다. 〈이별가〉를 부른다.

매화 신선이 친구라서 서울 생활 덜 쓸쓸했네.
객지 생활 맑아지며 영혼조차 향기롭다.
그대와 함께할 수 없는 고향길, 아쉽고 아쉽네.
부디 서울 먼지 속에서도 기품 잃지 않으시길.

1 화분에 담은 매화.

매화가 답을 한다. 매화가 답을 했다고 믿고 퇴계가 썼다(사이코 아냐, 하지 마시길. 이런 게 사대부들 풍류이자 품격이니).

안동 매화 신선도 나처럼 쓸쓸하다고 들었네요.
당신 오시길 기다려 하늘 향기 피우겠죠.
같이 있을 때나 떨어져 그리울 때나 당신은
백옥같은 눈雪을 닮아 맑고 참됨을 간직해주시길.

샛길을 요리조리 통과해 큰길로 빠져나오니 제자 류성룡이 살던 집이다.[2] 안동에 있을 때인 1562년 받아들인 제자인데, 칭찬에 인색한 퇴계가 '하늘이 내린 사람'이라 극찬한 애제자다.

"나중에 바다 건너 적들이 쳐들어오면 이순신과 듀엣으로 나라를 구하거라."

류성룡 집과 충무로 반려견 거리를 지나니 당시 서울의 끝, 광희문이 나온다. 남대문에서 동쪽으로 명동과 류성룡 집을 거쳐 광희동 사거리까지 뻗은 도로는 퇴계로다.

---

2 서울시 중구 퇴계로 228에 집터 표지석이 있다.

퇴계는 알았을까? 서울에서 마지막으로 걸었던 길에 자기 이름이 붙는다는 사실을. 퇴계로는 북에서 내려오는 충무로와 만나고, 남에서 올라오는 서애로[3]와도 만난다.

3 퇴계로 4가 교차로에서 남서 방향으로 300m 정도가 서애로다.

018

찐 서울,
그냥 서울

조선 시대 서울(한성부)은 두 개 지역으로 구분되었다. 4대문과 4소문을 연결한 도성 안은 '찐 서울', 도성에서 4km 밖까지는 '그냥 서울'이었다.[1]

그냥 서울은 찐 서울에 식량을 공급하는 근교 농업 지역(왕십리 등)이었고, 상업이 번성했으며(서강, 마포, 용산), 도성 안에선 금지된 무속이 행해지는 해방구였다. 물론 찐 서울을 보호하기 위한 마지막 방어선이기도 했다. 그냥 서울 범위다.

- **동: 중랑천**

1 성저십리城底十里. 조선 전기엔 인구가 적었지만 조선 후기에는 한성부 인구 절반이 이곳에 거주한다. 김정호·최선웅·민병준, 《해설 대동여지도》, 진선출판사, 2017, 23쪽.

- 서: 합정동, 망원동
- 남: 한강
- 북: 북한산

4소문 중 하나인 광희문을 나섬으로써 퇴계는 찐 서울에서 그냥 서울로 진입한다. 장충동, 청구동, 금호동을 거쳐 옥수동 언덕 위, 강변 뷰가 일품인 별장에서 하룻밤 쉰다. 누구 별장이었을까?

019

한남더힐

“몇 달간 조용한 곳에 짱박혀 좋은 책들 열심히 읽어. 그렇게 지식과 영혼을 재충전해.”[1]

세종대왕 명령이다. 사가독서賜暇讀書인데 휴식년이라 해도 좋고 유급 휴가라 봐도 된다.

아무나 받을 수 없는 혜택이었다. 나중에 한가닥 할 것 같은, 그러면서 글재주 좋은 문과 출신 관리여야 한다. 임금에

1 “내가 너희들에게 집현관集賢官을 제수한 것은 나이가 젊고 장래가 있으므로 다만 글을 읽혀서 실제 효과가 있게 하고자 함이었다. 그러나 각각 직무로 인하여 아침 저녁으로 독서에 전심할 겨를이 없으니, 지금부터는 본전本殿에 출근하지 말고 집에서 전심으로 글을 읽어 성과成果를 나타내어 내 뜻에 맞게 하고, 글 읽는 규범에 대해서는 변계량卞季良의 지도를 받도록 하라.”《세종실록》 세종 8년(1426년 12월 11일).

따라서 사가독서는 폐지(세조, 연산군, 정조)되고 부활(성종, 중종)하는 부침을 겪었다.

사가독서 장소는 진관사와 장의사 등 주로 사찰이었으나 중종 때는 아예 '동호 독서당'[2]이라는 국립 독서실을 오픈했다.

이런 사연으로 한남역 교차로에서 응봉삼거리까지 4.5km 도로 이름이 독서당로다. 독서당로 주변은 한강 조망이 예술이고 도심과 가까워 조선 시대 돈 많은 '인사'들이 별장을 지어 쉬는 곳으로 유명했다. 그 전통을 이어받아 요즘 돈 많은 '인싸'들도 한남더힐에 모여 산다.

퇴계는 41세이던 1541년 동호 독서당에 뽑혔는데 그때 독서당 동기 중 하나가 정유길[3]이다. 과거시험을 수석으로 패스했던 그는 권력운도 좋아 우의정과 좌의정을 두루 지냈다. 퇴계와 달리 서울이 좋아, 서울 시내 자택은 물론 독서당로 인근에 별장을 마련했다.

그 별장에서 퇴계는 지인들과 아쉬운 하룻밤을 보낸다.

---

2 서울시 성동구 옥수극동아파트 경내.

3 1515-1588.

020

저자도와 뚝섬

조선 사람들은 한강을 구간 구간 끊어서 불렀는데 양화대교 부근을 서강, 원효대교 근처를 용산강, 옥수동 부분은 동강이라 불렀다. 강물이 호수처럼 잔잔하다 해서 서호, 용호(남호), 동호라 칭하기도 했다.[1]

옥수동은 한강 본류와 중랑천이 만나는 지점이다. 두 물이 합쳐지는 곳을 두물개 또는 두뭇개라 불렀고 한자로는 두모포豆毛浦다. 그 자리에 있던 나루가 두뭇개나루터인데 동호대교 북단 밑이라 보면 거의 맞다.

아웃 서울 둘째 날 아침, 퇴계는 두뭇개나루터에서 배를 타

1 한강 지명은《동국여지승람》,《용재총화》등에서 확인되는데, 학자들마다 의견이 갈린다. 필자는 대체로 합의된 부분을 적었다.

고 바로 앞 한강에 떠 있는 저자도渚子島에 내렸다.

30만 평에 이르는 저자도는 섬 전체를 뒤덮은 갈대숲과 흰 모래숲도 아름답지만 청량산(남한산성), 천마산(남양주), 아차산(평강공주와 온달장군 전설을 품고 있는), 북한산, 남산, 관악산을 360도로 볼 수 있는 파노라마 뷰가 장관이다. 섬 높은 곳에는 낙천정이라는 정자가 있었는데 세종에게 왕위를 물려준 태종이 가끔 들러 쉬었다는 말이 있다. 중국 사신 중 풍류를 좀 아는 이는 반드시 저자도에 와서 놀다 갔다고 한다.[2]

서울을 떠나는 퇴계를 배웅하기 위해 지인들이 저자도에 모여 이별 노래 경연을 벌인다. 퇴계와 치열하게 철학으로 논쟁했던 기대승[3]이 낭독한 송별시다.

> 한강물 출렁출렁 밤낮 없이 흐르는데
> 선생님 떠나는 길 어찌하면 막을 수 있을까.
> 강변에서 닻줄 잡고 이리저리 서성이는데
> 아픈 이별에 끝없는 걱정이네.

---

2 조선은 수백 년간 시행착오를 거쳐 1700년경 국가 기우제를 완성하는데 총 12차다. 이 중 2차와 7차를 저자도에서 했다.

3 기대승(1527-1572)이 퇴계보다 스물여섯 살이나 어리다. 퇴계가 서울대 총장이라면 기대승은 석사 과정 대학원생에 비유할 수 있다. 그럼에도 둘은 애정과 존경을 담아 13년 동안 편지를 교환했다. 80% 이상이 철학 논쟁이다.

이순인이 우승했다.

한강물 유유히 밤낮으로 흐르는데

외로운 돛단배는 가는 것을 멈추지 않네.

고향 산이 가까워질수록 남산은 멀어지니

시름이 없기도 하고 있기도 하여라.

답가가 빠질 수 없지. 퇴계가 부른다.

뱃머리에 나란히 둘러앉은 친구들

서울 떠나는 마음 종일 붙잡고 있네.

한강물 다 퍼내 먹물로 만들어

셀 수 없는 이별 시름 써내고 싶구나.

품격 높은 사대부 버전 송별회를 그렇게 정리한 후, 배를 타고 강남으로 간 퇴계는 봉은사에서 하룻밤 묵는다.

그런데 경연이 열린 저자도를 한강에서 본 적이 없는데?

021

압구정 현대아파트

뚝섬 왼쪽 끝에서 트리마제 아파트까지 1.5km, 그 한강 구간에 저자도가 있'었'다. 넓이가 30만 평쯤 됐으니 꽤 큰 섬이'었'다.[1]

뚝섬은 서울숲과 성수동 일대를 가리킨다. 실제 섬은 아니다. 큰 홍수가 나면 대부분 물에 잠기고 높은 지역만 우뚝하니 섬처럼 보여 뚝섬이라 불렀다. 1925년 을축년 대홍수 후 뚝섬을 두르는 긴 제방을 쌓았는데, 제방에 들어간 모래와 흙을 저자도에서 퍼왔다.[2]

---

1 〈대동여지도〉.

2 송파근린공원 입구에 을축년 대홍수 기념비가 있다. 골재를 확보하기 위해 선유봉(오늘날 선유도)도 폭파했다.

그렇게 여러 번 주변 제방에 제 살 퍼주던 저자도는 1970년대가 되자 큰 위기를 맞는다. 1970년대 초 현대건설이 압구정동 앞 한강 저지대에 제방을 쌓아 택지 4만 평을 만든다.

이 땅 위에 들어선 것이 저 유명한 압구정동 현대아파트다. 저자도는 제 살 대부분을 깎아 압구정동을 만들고, 얼마 남지 않은 몸은 물살에 쓸려 지금은 흔적 없이 사라졌다.

즉, 저자도를 실물로 본 사람은 꽤 연세가 있는 분이다.

022

미사리와 미음나루

봉은사에서 하룻밤 템플 스테이로 숙취를 걷어내고, 섬유질 풍부한 사찰 음식으로 건강하게 아침을 채운 퇴계는 고수부지를 걸어 한강으로 갔다.

뱃사공이 힘차게 노를 저은 배는 한강을 거슬러 동쪽으로 올라간다. 잠실 운동장, 롯데월드, 서울아산병원을 지나 광진교 아래 광나루에 잠시 배를 댔다.

몸이 아파 봉은사까지 오지 못한 제자 이담[1]이 기다리고 있다. 다시 못 볼 두 노인은 두 손 잡고 한강에 뜨거운 눈물을 보탠다.

1 정존재 이담(1510-1575).

같이 늙은 제자를 뒤로 하고 다시 한강을 거슬러 가던 퇴계는 남양주시 미음나루에 내려 밤을 보낸다. 맞은편 서울 쪽은 카페촌으로 유명한 미사리다. 당시 사람들은 미음나루와 미사리 사이 한강을 미호渼湖라 불렀다.

퇴계가 발 딛고 90년 후인 1658년, 윤선도가 미음나루 인근에 있던 가족 별장에서 2년쯤 머문다. 그 시절 한강에 큰 홍수가 들어 미음나루 일대가 다 잠기는데 고산孤山[2]만 홀로 꿋꿋 멀쩡했다. 그래서 윤선도는 제 호를 고산으로 지었다.

맑은 강물 별안간 바다처럼 넘실대니
어디가 땅이고 어디가 물이런가.
어쩐 일로 고산만 잠기지 않았나.
일천 언덕 일만 구릉 모두 물에 잠겼는데.

---

2 경기도 남양주시 수석동 퇴미재산.

023

아비 정약용

다음 날 아침, 미음나루를 떠난 배는 팔당대교를 거슬러 남양주시 능내리를 지난다. 바로 이 마을에서 200년 후 정약용이 태어난다.

정약용은 서울이 좋았다. 서울에 살면서도 아웃 서울이 꿈이었던 퇴계와 달리 정약용에게 인 서울은 일종의 신앙이었다.

> 상류층 아이들은 애써 공부할 필요 없다.
> 아빠 찬스, 아빠 친구 찬스가 촘촘하니까.
> 그러니 마작, 골패 등 보드게임만 즐긴다.
> 나라 꼴이 가관이다.
> 생각하면 화만 오르니 그냥 술이나 마시자.

정약용이 쓴 〈여름날 술을 마시다〉 일부다. 정약용이 대단한 건, 한탄에만 머물지 않고 이론을 제시했다. 불공정한 사회를 '경자유전耕者有田'으로 개혁하자고 했다.[1] 이승만 대통령보다 150년 앞선 주장이다. 하지만 애비로서는 다른 모습이다.

애들아, 무조건 서울에서 살아야 해.
벼슬에 오르면 지옥고[2]라도 무조건 서울에서 살아라.
벼슬이 끊어져도 최대한 서울 가까이에 살아라.
무조건 서울에 집을 사야 해.
돈이 모자라면 서울 근교에 과일을 심고 생활하다가
재산이 조금 불어나면 바로 '인 서울' 하거라.
명심해라.
한 번 서울에서 멀어지면 영원히 들어갈 수 없단다.[3]

세속적이고 빤하다. 하지만 누가 아비 정약용에게 돌을 던질 수 있을까?

---

1 땅은 '진짜' 농민들만 가져야 한다는 게 정약용 주장이다. 땅 소유권은? 마을, 곧 '여閭'가 공동으로 소유한다. 그래서 여전제閭田制다.

2 반지하, 옥탑방, 고시원.

3 유배지에서 아들에게 보낸 편지를 필자가 손봤다.

024

양수리

정약용 생가 앞에서 한강물은 U자형으로 미친 듯이 회전하며 흐른다. 이 강물을 거슬러 오르기 위해선 뱃사공 드리프트 실력이 무엇보다 중요하다. 그렇게 힘겨운 회전에 성공하면 두 줄기 강물을 만나는데, 두물머리(양수리)다.

북서쪽에서 오는 물줄기는 북한강이다. 청평, 가평, 춘천을 지나 이론상으론 북한까지 갈 수 있다. 남서쪽에서 오는 물줄기는 남한강이다. 퇴계를 실은 배는 남한강으로 들어섰다.

노련한 뱃사공, 승객들이 토하지 않게 깔끔한 드리프트를 완성하더니, 제 실력에 감격해 나지막이 노래한다.

서늘해지는 저녁

두물머리 아래 배를 댄다.
하늘은 아직 훤하고
강물 역시 밝지만
외로운 동네 개들 짖으니
손님들 허둥지둥 배에서 내린다.[1]

오늘 운행은 끝이라는 말이다. 퇴계 일행은 양평 초입 한여울 마을에서 아쉬운 밤을 보낸다. 이 밤이 가면 퇴계는 지금까지 동행했던 제자 김취려[2]와 작별해야 한다. 5년 전 안동 도산서원으로 찾아왔던 스물여섯 살 청년 김취려에게 퇴계가 들려준 충고다.

나는 이미 시간을 다 살아버렸지만
그대 무슨 걱정인가 지금부터 하면 되네.
쌓고 또 쌓아서 높은 산 될 때까지
게으르지도 말고 서두르지도 마시게.

---

1 양평에 살았던 이세원(1674-1744)이 썼다. 서얼이었다.

2 잠재 김취려(1539-?).

025

양평
떠드렁산

양평읍 오빈리와 양근리 사이 남한강 한쪽에 조그만 바위섬이 있다. 이 바위가 이무기를 닮았다고 믿는 사람들이 있다. 양평 용문산에서 흘러내린 산줄기가 남한강에서 솟아난 모습이란다. '떠드렁산'이라 부른다.

퇴계가 지나가고 40년 후 떠드렁산에 무덤이 하나 들어선다. 큰비 오면 죄다 쓸려갈 위치라 이전에도 없었고 앞으로도 없을 떠드렁산 무덤, 누가 만들었을까?

양평에서 뱃길로 하루만 더 거슬러 올라가면 여주다. 여주 토박이 이씨는 잘난 아들을 두었다. 20대 때 제주도지사를 지냈고, 30대 중반에 서울시장이 되었으니 잘나도 너무 잘났다.

다만 아버지 말을 안 듣는다. 아버지 말이라면 무조건 반대로 하는 청개구리 DNA가 세포핵 안에 꽉 찼다.

DNA로는 아버지 역시 특이했다. 스스로를 반용반인半龍半人, 즉 DNA 절반은 인간이고 나머지 절반은 용이라고 믿었다. 인간 DNA를 다 빼내면 용이 될 수 있는데 도대체 방법이 없다.

그래서 풍수지리에 올인했다. 반인은 썩어 흙으로 돌아가고 반용만 남아 승천할 수 있는 포인트, 그런 포인트를 찾으려 전국을 구글 맵 수준으로 뒤졌다. 그렇게 찾아낸 신묘한 포인트가 세상에, 바로 옆 동네에 있었다. 그게 떠드렁산이다. 떠드렁산에 '거꾸로' 묻히면 승천 확률 100%라 확신했다.

포인트는 찾았지만 다시 고민 시작이다. 청개구리 아들이 유언을 들어줄 것인가? 죽기 직전까지 고민하던 아버지는 아들에게 비장한 문자를 남기고, 바로 숨을 거둔다.

- **아비가 죽으면 떠드렁산에 묻을 것. 다른 곳 안 됨**
- **시신은 똑바로 세워서 묻을 것. 뒤집으면 안 됨**

부고訃告가 되어버린 문자를 보고 급히 낙향한 아들은 생애 처음 아버지 말을 따른다. 그렇게 떠드렁산에 '똑바로' 묻힌 아버지는 용이 되지 못한다.

026

청개구리가 우는 이유

아버지가 용이 되면 쉽게 용수저가 되었을 아들, 제 발로 걷어찬 횡재가 아까웠는지 반란을 일으킨다. 시민은 물론 임금까지 서울을 버렸으니 위력이 셌다. 하지만 반란은 진압되고 온 가족이 몰살당한다. 아버지 묘까지 거덜난다. 이 아들이 교과서에 나오는 이괄, '이괄의 난'으로 유명한 그 이괄이다.[1]

이괄 스토리, 귀에 익다.

맞다. 엄마 말이라면 무조건 거꾸로 했던 아들 청개구리

1 이괄(1587-1624). 1623년 광해군을 강제로 끌어내는 인조반정이 성공한다. 남은 건 공로를 따져 상을 나눠 갖는 논공행상. 가장 공이 커 최우수상을 받아야 할 이괄은 '이'등상을 받는 '괄'시를 당한다. 이때부터 마음속 불만을 쌓아가던 이괄은 이듬해 반란을 일으킨다.

다. 죽어가는 엄마 청개구리가 아들 습성을 역이용, '내 무덤은 강가 모래톱에 만들거라' 하면서 산에 묻어주길 기대했지만 이게 웬걸, 엄마 주검 앞에서 지난 삶을 반성한 아들이 처음이자 마지막으로 엄마 말에 순종해 강변 무덤을 만든다.

그러고선 비만 오면 무덤이 쓸려갈까 개골개골 슬피 운다는 청개구리 이야기. 양평군은 이괄과 청개구리 스토리를 연결해 관광자원으로 활용하고 있다. 양평군 마스코트가 청개구리다.

뱃사공이 전해주는 청개구리 이야기를 다 들은 퇴계는 57세 때 지은 시가 생각났다.

> 물가에 서당을 지었더니 비바람이 문제라
> 좋은 곳 찾아서 온 숲속 다 뒤졌네.
> 어찌 알았을까 백 년토록 공부할 곳
> 나물 캐고 고기 잡던 바로 그 곁임을.

027

이괄

이괄 부자의 고향인 여주시는 다른 스토리를 말한다.

압록강 국경수비대장으로 근무하던 이괄에게 본가에서 긴급 호출 문자가 온다. 이괄을 비롯해 자식들이 모두 고향 집에 모이자 아버지가 유언을 남긴다.

"내가 죽으면 산에 묻지 말고 동네 우물 속에 몰래 넣어라. 도구를 사용해서 내 몸이 물속에 똑바로 서 있도록 해. 우리 동네 우물이 천하 명당이란다."

이건 범죄, 라고 저어하는[1] 형제들도 있었지만 가장 말빨 셌던 이괄이 상황을 정리한다.

1 염려하거나 두려워하다.

"아버지 유언이니 그대로 따릅시다."

일상은 회복되고 첫 번째 제사를 지나 두 번째 제삿날, 무슨 일인지 가족 간에 싸움이 벌어진다. 시동생들과 동서들로부터 머리채를 잡힌 큰며느리가, 이놈의 집구석 망해버려라, 며 진실을 밝힌다.

"뒷산에 있는 시아버지 무덤은 가짜다. 시신은 동네 우물 속에 들어 있다!"

확실한 증거 없이 한 사람 진술만으로 우물물을 다 퍼내는 것은 쉽지 않다. 하지만 시름시름 이유 없이 앓는 사람들이 딱 2년 전부터 발생하고 있다는 정황 증거가 많아, 사람들은 설마설마하며 횃불 밝혀 우물물을 퍼낸다. 몇 시간 작업으로 우물 밑바닥이 드러나는 순간, 물이끼 가득한 돌 밑에서 흉측한 이무기 한 마리가 비실비실 기어나온다. 놀란 사람들은 사방팔방 어둠 속으로 도망쳤다.

위수지 이탈, 시신 불법 유기, 지하수 관리법 위반, 공중보건법 위반, 공무원 체면 유지 위반 등 닥쳐올 사법 처리에 졸도하듯 잠든 이괄이 아버지 꿈을 꾼다.

"이번 제사만 넘겼으면 용이 되어 승천했을 텐데. 그럼 너도 용수저가 되는 거였고."

안타까워하는 아들에게 아버지가 말한다.

"언제나 마지막 기회는 있는 법, 나루터에 가면 이무기가 죽어가고 있을 거야. 그게 바로 나야. 썩기 전에 빨리 산에 묻되 머리는 반드시 강 쪽으로 묻어. 잊지 마. 삼세번은 없어."

잠에서 깬 이괄이 형제들만 깨워 나루터로 가니 과연, 이무기가 있었다. 동네 사람들 몰래 이무기를 옮겨 산에 묻는데, 누가 볼까 어둠 속에서 작업하느라 머리를 강 쪽으로 두지 못했다. 그렇게 두 번째 기회는 날아갔고, 이무기는 승천하지 못했으며, 이괄 역시 반란군 수괴로 목이 잘렸다.

예나 지금이나 사람들은 이야기 없이는 살아갈 수 없다.

028

지지지지

세종대왕이 묻힌 경기도 여주는 서울과 중부 내륙을 이어주는 수상 교통 중심지였다. 서해안 해산물이 여주를 통과해 충청도와 강원도로 갔고, 강원도 임산물이 여주에 모여 한양으로 갔다. 조선 4대 나루터[1] 중 두 개가 여주에 있었다. 요즘은 육상 교통이 붐빈다. 고속도로가 세 개나 지나간다.[2]

퇴계를 태운 배가 양평을 벗어나 여주에 들어서기만을 기다린 듯, 강 너머로 석양이 진다. 이포대교 근처에 배를 대며 뱃사공이 무심하게 던진 말.

---

1 광나루, 마포나루, 조포나루, 이포나루. 이 중 조포나루와 이포나루가 여주에 있었다.

2 영동고속도로, 중부내륙고속도로, 광주원주고속도로.

“100년 전 단종이 강원도 영월로 유배갈 때 여기서 서울 쪽을 바라보며 통곡했다고 합니다.”

20년도 못 살고 억울하게 죽은 임금을 추모하며 와인 한 잔 하고 싶은 저녁이지만 그럴 수 없다. 여주 지역 고등학생들을 위한 논술 특강이 곧바로 시작이다.

임금을 가르친 1타 강사가 시골까지 와서 직강하는 격이니 이게 웬 횡재냐며 엄마들까지 모였다. 퇴계는 여독도 잊은 채 흐뭇하게 강의를 시작한다.

“이규보 선생이 여주 출신인 거 다들 아시죠? 〈동명왕편〉, 〈슬견설〉, 〈차마설〉, 〈이옥설〉, 〈경설〉, 〈국선생전〉 등 작품이 많아 여러분 머리를 꽤나 아프게 하는 분입니다.”

웃는 학생 반, 한숨 쉬는 학생 반. 웃으면 그나마 이름이라도 들어본 게다.

“이규보 작품 중 출제 가능성이 높은 게 1207년 쓴 〈지지헌기止止軒記〉예요. 서울 살던, 물론 당시 서울은 개성이죠. 아무튼 이규보가 자택을 ‘지지헌’이라 이름 붙였고 그 이유를 쓴 게 〈지지헌기〉입니다. 다들 아는 내용이죠? 제가 내용을 좀 손봤습니다. 스텝 선생님, 화면에 텍스트 띄워주세요.”

멈출 때를 알고 멈추는 이의

뒷모습은 얼마나 아름다운가.

"제목이 낯익죠? 맞아요. 이형기 시인이 쓴 〈낙화〉 첫 구절을 응용했습니다. 가야 할 때가 언제인가를 알고 가는 이의 뒷모습은 얼마나 아름다운가. 시간순으로 따지면 이형기 시인이 제 말을 오마주한 것인가요? 어쨌든, 다음 본문 띄워주세요."

지지止止란 무엇인가?[3]

멈춰야 할 곳에 멈추는 게 지지다.

이무기는 늪에서 멈춰야 지지다.

늪을 떠나 서울로 가면 지지가 아니다.

지지를 어긴 이무기에겐 어떤 일이 벌어질까?

사람들이 재앙으로 여기고 반드시 해칠 것이다.

"여러분 생각은 어떤가요?"

---

3 이규보는 《주역》에 나온 '지지(멈춰야 할 때 멈춘다)', 혹은 도덕경이 말하는 '지지지지知止止止(멈춰야 할 때를 알고 멈춘다)'를 인용했다.

029

나머지 99%

퇴계가 학생들에게 기대한 답변은 '헛된 명예와 탐욕을 버리고 분수대로 사는 삶' 정도였다. 이규보도 〈지지헌기〉를 그런 식으로 마무리했다. 하지만 학생들 대답이 엉뚱 발랄 기발하면서 날카롭다.

"용꿈 꾸는 이무기는 탐욕스러운 건가요?"
"멈출 곳을 정하는 건 누구예요?"
"이무기가 늪을 떠날 수밖에 없는 이유가 있지 않을까요?"
"이무기랑 사람이랑 같이 살면 안 돼요?"

한 학생이 일어나 또박또박 묻는다.

"통계로만 따지면 여기 모인 친구들 중 1%만 용이 될 가능성이 있습니다. 나머지 99%는 아무리 열심히 공부해도 이무기, 뱀, 미꾸라지 혹은 지렁이로 살아가야 하죠. 우리 사회는 '나머지 99%'로 살아도 행복한 사회인가요?"

기대승과 10년 가까이 사단칠정四端七情을 주제로 논쟁하면서도 막히지 않던 논리회로가 고구마 100개를 먹은 것처럼 답답하다.[1] 퇴계의 침묵이 길어지자 여기저기서 수근댄다.

"왕을 가르친 거 맞아?"
"1타 강사가 고딩한테 발렸어. 낄낄낄."

학생 하나가 멋쩍은 웃음으로 말한다.

"퇴계 할아버지, 이건 다른 얘긴데요. 고진감래苦盡甘來라고 하잖아요? 진짜 고생 끝에 낙이 와요?"

퇴계는 아무 대답도 할 수 없었다.

---

1 《퇴계와 고봉, 편지를 쓰다》(김영두, 소나무, 2003)를 참고할 것. 사단칠정에서 사단은 네 가지 마음이다. 측은지심惻隱之心(다른 사람 불행을 불쌍히 여기는 마음), 수오지심羞惡之心(잘못을 부끄러워하는 마음), 사양지심辭讓之心(남에게 사양할 줄 아는 겸손한 마음), 시비지심是非之心(옳고 그름을 분별할 줄 아는 마음). 칠정은 일곱 가지 감정이다. 희喜(기쁨), 노怒(노여움), 애哀(슬픔), 구懼(두려움), 애愛(사랑), 오惡(미움), 욕欲(욕망).

1%

알 수 없는 감정에 쫓겨 밤새 뒤척이던 퇴계는 동이 채 뜨기도 전에 뱃사공을 재촉, 도망치듯 배를 출발시킨다.[1] 여주를 떠나 단양까지 가는 나흘 뱃길 내내 학생들 질문이 저궤도 인공위성처럼 머리 주위를 뱅뱅뱅 돈다.

"퇴계 선생님은 고위 공무원으로서, 정치인으로서, 지식인으로서 우리 사회 1%로 살아오셨는데, 우리 같은 평범한 '나머지 99%'를 위해 어떤 일을 하셨나요?"

1 퇴계가 이 밤 어디서 잤는지는 기록이 없다.

031

희망고문

한양에서 시작한 뱃길은 소백산 입구, 단양에서 끝난다. 이제부턴 걸어서 산을 넘어야 한다. 그렇게 죽령을 넘으면 경상북도 풍기와 영주다. 퇴계는 단양에 이어 풍기에서도 지방관을 지냈다. 풍기와 영주에서 며칠 묵으며 퇴계는 계속해서 의심했다.

대기만성大器晩成

'이 네 글자는 얼마나 많은 선비들을 희망고문하고 죽였을까? 다른 방법은 없을까?'

풍기와 영주를 떠나니 퇴계 고향 안동이다. 서울을 떠난 지 14일 만이다. 찜질방에서 땀을 빼고 안동 찜닭과 간고등어

자반으로 원기도 보충한 퇴계가 이른 잠자리에 드는데, 뭔가를 봤는지 동네 개들이 돌아가며 짖어댄다. 몇 시간째 비몽사몽 개소리를 듣던 퇴계가 잠꼬대처럼 흘린 말.

"개들까지도 잘 짖는 놈, 못 짖는 놈."

회한이 밀려온다. 주체할 수 없이.

'내 제자 허엽, 굳이 그렇게 면박을 줘야 했을까?'
'내 말 때문에 혹여 비뚤어지지는 않았을까?'

정말 그랬을까?

032

매화에게 물은 줬니

낙향하고 이듬해인 1570년 12월, 퇴계는 69세로 숨을 거둔다. 죽기 나흘 전 조카 이영을 불러 당부한다. 나라에서 국가장을 하려 할 테니 단호히 거부하라고. 비석 같은 거 세우지 말고 조그만 돌에다 이렇게 쓰라 당부했다.

退陶晩隱眞城李公之墓 퇴도만은진성이공지묘

도산으로 물러나 죽기 전까지 숨어 산

진성 이씨 여기 잠들다.

돌 뒷면은 긴데 줄인다.

늘그막에 벼슬을 왜 받았을까.

공부는 추구할수록 멀어져 갔고

벼슬은 사양할수록 가까이 왔다.

제자들을 모아 유언도 남겼다.

"내가 '확실히' 아는 게 적어 너희들과 하루 종일 토론하는 게 쉽지는 않았다."[1]

죽기 전날엔 제자 이덕홍에게 남은 책들 관리를 맡겼다.

"매화에게 물은 줬니?"

퇴계가 세상에 남긴 마지막 말이다.

서울에 남기고 온 분매를 그리워할 스승 마음을 알기에, 김취려가 어렵게 사람을 시켜 안동으로 보낸 바로 그 분매다. 퇴계는 반가운 마음에 시를 지었다.

시골에서 한가하게 살고 있는
볼품 없이 늙은 나와 놀려고 왔구려, 그대.

---

1 平時以謬見與諸君終日講論 是亦不易事也

033

엄마 아빠, 저를 위해 울지 마세요

퇴계가 죽고 바로 다음 해, 도산서원 인근 동네에서 금각琴恪[1]이라는 남자아이가 태어난다.

금각은 외모가 출중하고 품행이 방정方正했으며[2] 집안 일꾼들 이름을 모두 기억할 정도로 인성도 좋았다. 이 정도 흐름이면 학습 능력 역시 예측 가능하다.

다섯 살에 글자를 배운 후 일곱 살부터 공부에 몰두한 금각은 열다섯 나이에 청출어람青出於藍[3]을 이룬다. 1타 강사로 강

1 1571-1588. 어떤 책엔 1569년생으로 나와 있지만 금각이 속한 '봉화 금씨 대종친회' 기록엔 1571년생이다.

2 '방정하다'와 '방정맞다'는 다르다.

3 제자가 스승을 능가했다는 의미다.

남 사교육계를 휩쓸던 허봉이 중2 금각을 가르친 후, 금각 아버지에게 보낸 카톡이다.

"금각의 시는 이태백을 능가합니다. 오히려 금각이 제 스승입니다."

모든 게 완벽했던 금각에게 딱 하나 단점이 있는데 건강이 나빴다. 말 그대로 치명致命적 단점이다. 폐결핵에 걸려 죽음을 직감한 그가 버킷리스트를 발표하는데, 달랑 한 문장이다.

몇 년 더 살아서 아직 읽지 못한 책들 읽기.[4]

단 한 줄 버킷리스트를 완성하지 못하고 금각은 18세에 죽는다. 막내아들 죽음을 맥없이 지켜봐야 할 부모[5]에게 죽어가던 아들이 남긴 글이다.

엄마 아빠, 저를 위해 울지 마세요.

---

4 금각은 초6 나이에 '읽지 않은 책이 없었다'는 소문이 퍼질 정도로 책벌레이자 천재였다.

5 당시 아버지 금난수는 57세였고, 금각은 4남이자 막내였다.

034

잘난 집안

18세, 즉 고2쯤 된 금각은 다시 한 번 허봉을 찾아가 단기 그룹과외를 받는다.[1] 죽기 불과 몇 달 전이다. 허봉이 얼마나 대단한 강사길래 그랬을까?

허봉은 형과 남동생이 있었는데 삼형제 모두 과거시험에 합격했다. 아버지 허엽 역시 마찬가지. 20세기 버전으로 하면 아빠와 세 아들 모두 '서울대 졸업, 사시·행시 패스' 정도 의미다. 이 집안에 대한 실록 기록이다.

> 허엽은 자식 농사에 엄청나게 성공했다.[2]

---

1 그룹과외 멤버는 허균과 허균 처남 김확이다. 금각이 허봉 딸과 연애했다는 말도 있다.

2 세 아들과 사위인 우성전, 김성립은 모두 문사로 조정에 올라 논의하여 서로의 수준을 높였기 때문에 세상에서 일컫기를 '허씨許氏가 당파의 가문 중에 가장 치성하다'고 하였다. 《선조수정실록》 선조 13년(1580년 2월 1일).

035

아빠는 아들의 롤모델

자식 농사 당사자인 허엽[1]은 22세에 과거를 패스하고 사가독서에 뽑힐 정도로 왕(명종)이 기대하는 인재였다. 하지만 다음 왕(선조)으로부턴 어리석다는 평가를 받았다.[2] 벼슬이 올라도 공부를 게을리하지 않았고 입바른 소리도 잘했다. 그렇지만 실무능력이 바닥이라 백성들을 불편하게 했다.[3]

---

1 1517-1580. 《토정비결》을 지은 이지함과 절친이다. 《동의보감》으로 유명한 허준은 8촌 동생이다. 허엽 할아버지와 허준 할아버지가 사촌이었다. 요즘 시각이면 거의 남남이지만 생물학적으로는 유전자 0.78125%를 공유하는 사이다.

2 "허엽은 오활迂闊한 사람이다. 어찌 쓸 만한 인재이겠는가?"《선조수정실록》 선조 8년(1575년 6월 1일).

3 백성을 보살피고 통솔하는 재능이 없어서 문부가 수북이 쌓이도록 잘 결재해 내지 못했고, 사민士民들의 시끄러운 소송을 잘 판단하여 처리하지 못하였다. 그러고는 관사官事를 아전들에게만 맡겨 정사가 매우 어긋나고 어지러웠기 때문에 백성들이 매우 원망하였다. 《선조수정실록》 선조 12년(1579년 5월 1일).

처갓집 레시피를 상품화한 초당두부로, 요즘 같았으면 서울에서 제주까지 300개 프랜차이즈를 거느린 16세기 백종원으로 각광받았겠지만 당시엔 선비 얼굴에 똥칠한다는 평가가 많았다.[4] 결국엔 돈을 탐하다 잘릴 정도로 탐관오리 기질도 있었다.[5]

율곡 이이가 스승(서경덕과 이황)을 공격하자 '이이는 예절과 근본도 모르는 놈'이라 욕했다.[6] 하지만 정작 스승 퇴계 이황은 '독선적이고 논리가 빈약해서 공부를 할수록 악해질 것 같다'라고 제자 허엽을 평가했다.[7]

허엽은 말년에 난잡한 생활을 하다 병을 얻었고, 독한 약을 쓰는 바람에 성격이 이상해져 결국 강제 명퇴당한다.

---

4 초당草堂은 허엽의 호다. 초당두부 스토리는 근거 자료가 부족해 팩트가 확실하지 않다.

5 《명종실록》(1553년 5월 25일, 10월 23일) 기록이다. 연유는 모르지만 청백리에 올랐다는 기록도 있다. 하지만 공식 청백리 목록엔 이름이 없다.

6 일조각 편집부, 《한국사 시민강좌 제37집》, 일조각, 2005. 238쪽,

7 《선조수정실록》 선조 13년(1580년 2월 1일).

036

장남 허성

허엽이 낳은 큰아들은 허성[1]이다. 둘째 허봉과는 엄마가 다르다. 임진왜란 직전인 1590년 7월, 조선 조정은 상황을 살피기 위해 통신사를 일본에 파견한다.[2]

수석 외교관 - 황윤길(서인)
부수석 외교관 - 김성일(동인)
서기 겸 비서 - 허성(동인)

이들은 이듬해 귀국해서 선조에게 말한다.

1 1548-1612.

2 정사正使 황윤길, 부사副使 김성일, 서장관書狀官 허성.

황윤길: 반드시 전쟁이 있을 것입니다.

김성일: 헛소리입니다.

일본 최고 권력자 풍신수길은 어떻던가, 에 대한 답이다.

황윤길: 지성에다 용기까지 갖춘 위험한 인물입니다.

김성일: 헛소리입니다.[3]

이 부분에서 실록은 코미디로 변한다. 전쟁 가능성을 평가하는 '국가안전보장회의'에 상충하는 의견이 올라왔는데 조용하다. 논쟁도 없고 반론도 없다. 왜 그랬을까?[4]

통신사 파견 전, 조선엔 이미 왜란을 예언하는 경고들이 있었는데 대표자가 조헌[5]이다. 문제는, 당시 조정은 동인 세상이었는데 조헌은 서인을 대표하는 인물이었다. 이런 '자동 갈라치기 공식'이 성립했다.

---

3 《선조수정실록》 선조 24년(1591년 3월 1일).

4 전쟁이 터지자 선조는 김성일을 체포하라는 못난 명령을 내린다. "적이 절대 쳐들어오지 않을 것이라고 말해 사람들을 해이하게 만들었고 국사를 그르쳤다." 류성룡이 말린다. "김성일의 충성심은 믿을 수 있습니다." 그러자 선조는 김성일에게 경상우도 초유사招諭使라는 막중한 임무를 맡긴다.《선조수정실록》 선조 25년(1592년 4월 14일).

5 1544-1592. 임진왜란 때 의병장으로 활동하다 금산 전투에서 전사했다.

왜란 가능성 인정 = 서인 추종 세력

동인 소속이었던 김성일 역시 이 공식을 그대로 외웠다.[6] 소속 패거리에서 쫓겨나지 않는 게 국가 안보보다 중요했으니까. 요즘이라고 다를까?

그런 점에서 동인이었던 허성은 이채롭다. 당론에 매이지 않고 일본 침략 가능성에 당당히 한 표를 던졌다. 허성은 학문이 뛰어났고 예조판서, 병조판서, 이조판서를 두루 지낼 정도로 권력도 높았다. 하지만 돈을 사랑한 탐관오리였다.[7] 임진왜란 당시 서울을 버리고 평양으로 이동할 때 군사를 모집하겠다는 핑계를 대고 사라졌다.[8] 성질이 더러웠고 모함과 선동을 일삼았으며 자신과 다른 의견을 용납하지 못했다.[9]

---

6 "나도 어찌 왜란이 일어나지 않을 것이라 단정할 수 있겠습니까. 다만 사회 혼란이 야기될까 두려워 그렇게 말한 것입니다"라고 김성일이 류성룡에게 사적으로 변명하는 내용이 실록에 따라붙는다.

7 청렴하지 못하다는 평이 있었다. 《선조실록》 선조 35년(1602년 4월 21일). 탐심이 많아 옳지 않은 방법으로 재산을 증식하였다. 《광해군일기》 광해 2년(1610년 3월 14일).

8 《선조수정실록》 선조 25년(1592년 6월 1일).

9 《선조실록》 선조 31년(1598년 4월 15일).

037

나만파, 너도파

일본에 대해 깊이 공부한 후, 일본이 좋아졌다. (토착왜구?)
현실적으로 중국을 적대시할 순 없다. (친중좌파?)
미국 민주주의 시스템과 시민의식이 부럽다. (친미보수?)
화해와 지원으로 북한과 공존하자. (종북좌빨?)
싱가포르처럼 미·중 사이에서 중립을 지키자. (회색분자?)
자본주의가 가장 효율적인 시스템이다. (보수우파?)
한 사람이 수백 채 집을 갖지 못하게 하자. (공산주의?)

이 모든 걸 한 뇌에 품고 있는 나는 누구인가?

한 사람은 본능, 감정, 지성, 의지, 성격, 혈액형, 팔다리, 옷, 신발, 주식, 대출금, 가족, 친구, 직업, 명예, 종교, 취미 등 제 것이라 부를 수 있는 모든 것의 총합, 그 이상이다. 이 복잡다단한 생명체를 단 두 개(좌파 아니면 우파, 진보 아니면 보수)로 나누어 갈라치는 것은 그 사람 영혼에 가하는 폭력이다. 스스로든 타인에 의해서든.

- 일부를 보고 전체를 판단하는 성급한 일반화의 오류
- 허깨비를 만들어 공격하는 허수아비 공격의 오류[1]

그래서 '저쪽의 위선과 불공정을 생생하게 보면서 반대쪽으로 돌아섰다'는 유명인들의 발언에 진저리를 치게 된다. 위선과 불공정은 이쪽이나 저쪽이나, 남이나 내게나 있다. 회색지대를 인정하지 않는 극단적 흑백주의는 싸우지 않아도 될 사람들까지 전부 적으로 만들어 우리 사회에 혐오와 증오 총량만 늘린다.

이분법이 사라지는 곳에 천국이 있다.[2]

한국에서 '진보-보수, 좌파-우파'라는 용어는 상대를 공격하기 위한, 내 편을 확인하기 위한 천박한 네이밍으로 전락했

---

1 "내가 가난한 사람들에게 먹을 것을 주자 나를 성자라고 불렀다. 내가 왜 그들이 가난한지를 묻자 나를 공산주의자라 불렀다." 브라질 대주교 돔 헬더 카마라Dom Hélder Pessoa Câmara(1909-1999).

2 롤랑 바르트Roland Barthes.

다. 정작 스스로는 그렇게 살지 못하면서.

도대체 언제까지 나를 들볶아댈 것이냐?

나는 우파도 아니고 좌파도 아냐.

보수도 아니고 진보도 아냐.

그저 모든 것을 깨부술 뿐이지.[3]

자의적으로 의미가 덧칠해져 이젠 본래 개념이 뭔지도 헷갈리는 '진보, 보수, 좌파, 우파'라는 용어는 유통기한이 끝났다. 한참 지났다.[4] 그만 보내주고 이제는 이렇게 나누자.

나만파: 나만 살겠다.

너도파: 너도 같이 살자.

이런, 또 이분법이네.

---

3 칠레 시인 니카노르 파라Nicanor Parra Sandoval(1914-2018)가 쓴 시 일부분이다. 파라는 옥스퍼드대학교를 졸업한 물리학 교수다.

4 중앙대학교 김누리 교수가 쓴《우리의 불행은 당연하지 않습니다》(해냄, 2020)'를 강력히 추천한다. 그에 따르면 유럽과 비교해서 한국 정치 세력은 극우, 수구, 보수, 약간의 진보로 구분할 수 있다.

038

왕을 꾸짖는 패기

허엽이 낳은 둘째 아들 허봉은 대단한 기억력을 타고 나서 한 번 스캔한 내용은 모조리 기억했다. 유치원 다닐 때 대학생 버금가는 에세이를 작성했고, 초3 땐 경전들을 얼추 마스터했다.

사교성도 좋았다. 여덟 살 많은 한석봉과 친구처럼 지냈고 일곱 살 연상인 사명대사와는 아예 말을 놓았다.[1]

허봉은 과거에 급제하고 관직을 받은 지 1년 만에 아버지를 이어 사가독서를 할 정도로 국왕이 주목하는, 앞날이 보장

1 허봉(1551-1588), 한석봉(1543-1605), 사명당(1544-1610).

된 청년이었다.[2] 세상 사람들도 그를 한 시대를 책임질 인재로 주목했다.[3] 20대 중반에 벌써 중국까지 이름을 날렸다.

허봉은 권력에도 굴하지 않았다. 1577년 5월 11일 선조 면전에서 폭탄을 날린다.

"전하, 안빈(명종 후궁, 선조 친할머니)을 할머니라 부르시다니 안 될 일입니다. 안빈은 첩이었으므로 할머니라 부르시면 안 됩니다."[4]

논리로만 따지면 맞는 말이니 선조로서도 어쩔 수 없는 일. 그래서 더 열 받은 선조가 항변한다.

"할머니를 할머니라 부르지 말라니, 내가 홍길동이냐?"

이 정도 패기면 세상을 씹어먹을 인재가 될 것 같았으나 실상은 달랐다. 언제부터 시작되었는지, 생각이 없었다.[5] 아버지 공격력을 고스란히 내려받아 병조판서 이이를 모함했지만

---

2 《선조수정실록》 선조 6년(1573년 11월 1일).

3 허봉은 총명하고 기억력이 좋았으며 시사詩詞가 아름다왔으므로 한 시대가 재자才子로 추대하였다. 《선조수정실록》 선조 18년(1585년 6월 1일).

4 《선조실록》 선조 10년(1577년 5월 11일).

5 《선조수정실록》 선조 8년(1575년 8월 1일).

오히려 왕으로부터 간사하다는 평을 얻고 갑산(개마고원)에 유배되는 자충수도 벌였다.[6]

아버지가 사망할 때 임종을 지키지 못한 불효를 저질렀는데 이유가 가관이다.[7] 밤새 유흥업소에서 술 먹다 뻗었단다. 1588년 금강산에서 38세로 병사하는데 젊어서부터 중독 수준으로 마신 술이 원인으로 보인다.[8]

요즘 중2는 애도 아니고 어른도 아닌, 이해가 쉽지 않은 생명체지만 조선에선 새로운 이름을 지어줬고, 이후 이 이름으로 불렀다. 어른으로 취급해 사회적 이름을 선물했다고 보면 되겠다.

---

6 1583년 이탕개가 이끄는 여진족이 함경도 종성을 공격했다. 당시 이이는 병조판서였는데, 동인들은 그가 처한 여러 조치들이 왕을 무시한 행동이라며 맹렬히 비난했다. 비판 선봉에 선 세 명이 허봉, 박근원, 송응개다. 결국 세 사람은 1583년 유배를 떠나는데 이를 '계미삼찬'이라 한다. 선조는 이렇게 평가했다. "허봉 등 간교한 무리들이 자리에 있어 조정이 안정을 잃었다."《선조실록》 선조 16년(1583년 8월 28일). "나라가 저들 세 간신에게 망할 수도 있으니 절대 용서할 수 없는 일이다."《선조실록》 선조 16년(1583년 9월 1일).

7 허엽許曄이 상주尙州에서 죽었을 적에 허봉은 바야흐로 기생을 끼고 술이 취해 누워 자며 그 임종을 살피지 못했으므로 영남 사람들 말이 많았는데, 이이는 그 사람을 애석하게 여겨 보호하려고 했었다.《선조수정실록》 선조 16년(1583년 7월 1일).

8 《선조실록》 선조 21년(1588년 9월 16일). 유몽인이 쓴 《어우야담》에 따르면 허봉은 여색도 밝혔다.

남자: 자字

여자: 당호堂號

허봉이 받은 '자'는 미숙이다. 하는 짓으로 볼 때 미숙未熟(덜떨어짐)이 어울리지만 미숙美叔(아름다운 청년)이었다.

도량 넓은 이이, 선조에게 허봉 패거리 사면을 부탁한다.

"박근원과 송응개는 간사하지만 허봉은 나이 젊어 경망할 뿐 간사한 사람은 아닙니다. 재주가 아깝습니다."[9]

피해자가 처벌불원서를 작성한 격인데 선조는 허락하지 않았고, 이듬해인 1584년 이이는 사망한다. 유배 2년 차이던 1585년 2월 영의정 노수신이 허봉 패거리를 용서해달라고 간청한다. 존경하는 신하 부탁이라 차마 거절할 수 없었던 선조, 세 사람을 풀어주긴 하지만 조건을 단다.

"인 서울 절대 금지."

아빠 친구 찬스였다. 노수신과 허엽은 서경덕 밑에서 함께 배운 동문. 게다가 노수신은 허엽과 한동네(건천)에 살았다.

9 《선조실록》 선조 16년(1583년 10월 22일).

039

허엽 부자

허엽 부자는 모두 공인公人이었으니, 저들이 살아낸 삶에 대한 평가가 당연히 따른다. 《조선왕조실록》은 허엽 부자를 어떻게 평가했을까?

1580년, 허엽은 자식 농사에 크게 성공했다.[1]

1610년, 허엽은 아들이 셋 있으나 없는 것과 같다.[2]

30년을 사이에 두고 평이 극과 극이다. 어떤 게 맞을까?

---

1 《선조수정실록》 선조 13년(1580년 2월 1일).

2 《광해군일기 중초본》 광해 2년(1610년 3월 14일).

040

좋은 놈, 나쁜 놈, 이상한 놈

완벽하게 선하거나 줄기차게 악한 사람, 드물다. 악마도 지들끼리 진실을 말하고 좋은 사람도 때로는 나쁘다. 수십 년을 살 맞대고 살아온 배우자에게도 생면부지 낯선 얼굴이 존재하고, 스스로도 이게 나였나 싶은 순간이 벼락같이 온다.

이런 난해한 생명체를 단칼에 잘라 좋은 놈, 나쁜 놈, 이상한 놈으로 3등분하는 건 어쩌면 존재에 대한 모독이며, 결국엔 그 칼날을 스스로에게 돌리는 어리석은 행위다.

평균 정도 교양을 갖춘 중국인들이 생각하는 등식이다.

- **당 태종 = 리더십**(한 고조) **+ 지능**(조조) **+ 전투력**(항우)
- **당 태종 = 7세기 초 집권 = 중국 최고 태평성대**

당 태종이 '킹 오브 더 킹'이라는 말이다. 이름마저 멋진 세민世民이다. 세상을 구하고 백성을 편안하게 한다는 제세안민濟世安民에서 따왔다. 그런 당 태종이, 전쟁에서 져본 적 없다는 어벤져스급 영웅이 고구려를 침공했으나 실패한다.

무너진 멘탈 부여잡고 수도 장안으로 복귀한 당 태종 육신을 위장병, 악성 종기, 풍질 등 여러 질병이 공격한다. 신체 방어력이 무너져 감기로 석 달을 골골거린다. 이때부터 미신에 천착해 신선으로 만들어준다는 단약丹藥, 즉 수은을 복용했다. 오십을 갓 넘긴 649년, 대체로 위대했던 삶을 마감한다.

한국인은 당 태종이 고구려 원정 후유증으로 사망했다고, 고소하다는 뉘앙스 살짝 섞어 단 한 줄로 평가한다. 안시성 전투에서 고구려 장수 양만춘이 쏜 화살에 눈 하나를 잃었다는 가짜 뉴스도 고려 시대 이후로 정사正史처럼 떠돈다.

부당한 대접이다. 당 태종 사망 원인은 복잡하다.

- **황태자가 반란을 일으켜 멘탈 무너짐**
- **유배 간 아들이 사망하자 쇼크받음**
- **고구려 원정 실패 후유증**
- **중금속 복용**

이런 것들이 몇 %씩 역할을 나눠 태종을 죽였다. 이처럼 허엽 부자 평가도 마디마디 미분해, 어떤 부분은 좋았고 어떤 부분은 나빴으며 어떤 부분은 이상했다고 규정하는 게 온당하다. 그게 인간에 대한 예의이며 우리 역시 타인들로부터 받기 원하는 대접이다.

허엽 부자는 생애 몇몇 마디에선 나쁜 사람이었고 때론 이상한 사람이었지만 대부분의 시간은 그 시대 상식과 윤리 기준에서 평범한 사람, 때로는 좋은 사람, 멋진 사람으로 살다 갔다.

소크라테스가 어느 시인을 인용해서 말했다.

> 좋은 사람도 때로는 나쁘고 때로는 좋다.

2,500년 전에는 그랬는지 몰라도 요즘엔 다르다.

> 좋은 사람도 없고 나쁜 사람도 없다.
> 모든 사람은, 때로는 좋고 때로는 나쁘다.

이렇게 봐도 좋겠다.

> 이번에는 나빴다.

041

대박 막내 허균

허엽은 삼형제를 낳았다. 첫째가 허성, 둘째는 허봉이다. 막내는 누굴까?

허균이다. 그는 다섯 살 때 손곡 이달[1]에게 글을 배웠다. 초2 무렵 논어를 술술 읽었고 꽤 훌륭한 시도 창작하기 시작한 수재였다. 게다가 아빠 찬스, 두 형님 찬스, 아빠 친구 찬스, 동네 아저씨 찬스를 돌아가며 쓸 수 있는 금수저였다. 대형 사고만 치지 않는다면 가만히 숨만 쉬고 있어도 특권층 삶을 안온히 누릴 수 있는 신나는 인생이었다.

---

1 작은 형 허봉과 절친이었고 아버지 허엽과도 가깝게 지냈다. 당시 기준으론 미천한 기생 아들이자 서얼이었다.

주둥, 아니 입이 문제였다. 작은 형(허봉) 친구였던 사명대사에게 주의를 받을 정도로.

"다른 사람 잘잘못을 함부로 까발리지 마라. 재앙을 부르는 지름길이다. 병뚜껑처럼 단단한 마개로 네 입을 봉하는 것이 편안하게 사는 최고 방법이다.

정말 입이 간질거려 참을 수 없다면 차라리 나처럼 말해라. 몇 년 후 나는 조선에 쳐들어온 왜군 장수 가토 기요사마와 담판을 벌이게 된다. 그때 가토는 '당신 나라 보배는 뭐요'라고 물을 것이다. 내가 준비한 대답은 이렇다.

'니 모가지가 가장 값지다.'"[2]

유교 5경 중 하나인 《시경》이 경고한다.

말을 쉽게 하지 마라.
구차한 말도 하지 마라.
혀를 잡아주는 이가 없으니 스스로 단속해라.
아무것이나 마음대로 내보내지 마라.

예수님도 경고하셨다.

---

2 해인사 홍제암 사명대사 석장비.

입으로 들어가는 것이 사람을 더럽게 하는 것이 아니라
입에서 나오는 그것이 사람을 더럽게 하는 것이니라.[3]

네네 그렇게 합죠, 하면 허균이 아니다. 그가 조선 사회에 폭탄을 던지는데, 핵폭탄이다. 대다수 선비들이 추앙하던 보수 기득권의 정신적 지주 김종직을 무자비하게 깠다. 내용이 길고 관심도 없을 것 같아 엑기스[4]만 옮긴다.

세조를 비난하면서 세조가 주는 벼슬은 왜 하냐?
김종직은 속임수를 쓴 위선자다.
마땅히 죽여야 한다.

이미 100년 전에 죽은 사람을 또 죽이란다. 아빠나 형들과는 결이 다른 전투 본능을 갖췄다.

---

3 〈마태복음〉 15:11.
4 영어 extract(엑스트랙트)에서 앞부분 ex(엑스)만 따서 만든 일본어식 표기다.

042

사주팔자

허균이 태어난 년월일시, 즉 사주四柱다.

- **기사'년' - 1569년**
- **병자'월' - 11월**
- **임신'일' - 3일**
- **계묘'시' - 오전 5시에서 7시 사이**[1]

허균 사주팔자를 '마갈궁'이라 풀이한 역술가가 운명까지 예언한다.[2]

---

1 허균은 뱀띠다. 양력으로 하면 1569년 12월 10일.

2 고대 바빌로니아에서 탄생한 황도 12궁 별자리가 고대 그리스에서 인도를 거쳐 중국으로 유입되어 12지궁이 된다. 양자리(백양술궁), 황소자리(금우유궁), 쌍둥이자리(음양신궁), 게자리(거해미궁), 사자자리(사자오궁), 처

액운과 곤란이 많을 것이다.

가난하고 병치레가 잦을 것이다.

수명이 길 것이다.

명성이 후세에 전해질 것이다.

그러려니 했다. 송나라 유명 시인 소동파와 한유도 같은 사주라 동료의식으로 어깨도 으쓱했다. 하지만 벼슬에 나선 지 수십 년이 넘었는데도 부끄러운 일이 끊이지 않으니 예전에 봤던 사주팔자가 떠오른다.

"은근히 맞네. 참 신기하군."

녀자리(쌍녀사궁), 천칭자리(천칭진궁), 전갈자리(천갈묘궁), 궁수자리(인마인궁), 염소자리(마갈축궁), 물병자리(보병자궁), 물고기자리(쌍어해궁).

043

자업자득

신기한 건 허균 캐릭터다. 1598년 황해도 도사[1]가 된 허균은 아끼던 기생(서울시 소속)을 부임지로 몰래 데려가고[2], 허가 받지 않은 재택근무로 업무를 소홀히 했으며, 건달 비슷한 이들을 불러 모아 대장 노릇을 했고, 주민들 청탁을 들어주는 대가로 이익을 취했다. 황해도 주민들 대부분이 허균을 욕했다. 탐관오리를 적발해야 할 도사가 오히려 탐관오리가 된 것. 이 일이 밝혀져 6개월 만에 잘린다.[3] 무슨 말인가?

허균이 당한 액운과 곤란, 그로 인한 가난과 병치레는 사주

1 지방 관리들 부정, 불법, 부패를 감시한다.

2 영조 당시 권세 있는 자들이 예쁜 관기들을 불법으로 데려가 관청에 반반한 기생이 없을 정도였다는 기록이 《이재난고》에 있다.

3 《선조실록》 선조 32년(1599년 12월 19일).

팔자 때문이 아니라 스스로 만든 자업자득이었다.

실록은 허균을 음란하다고 평하는데[4] 허균 스스로도 형에게 '방탕하고 세속을 따르기를 좋아하고 편협하여 참고 용납하질 못하니'라고 인정했다. 그가 쓴 글이다.

> 성적 욕망은 하늘이 준 것이다.
>
> 절제는 성인聖人의 가르침이다.
>
> 성인은 하늘보다 급이 낮다.
>
> 성인의 가르침을 따르는 것은 하늘을 어기는 것이다.
>
> 따라서 나는 성적으로 자유롭게 살겠다.

허균이 인용하는 하늘이 어떤 하늘인지는 모르겠지만 허균에게 성적 욕망을 부여한 하늘은 성적 욕망을 제어할 수 있는 이성도 함께 선물했다.

성적 욕망에 적절한 브레이크(시간, 장소, 대상 등)를 걸지 않는 것은 하늘이 주신 자유와 책임을 포기하는 것으로, 인간 존엄성을 포기하는 행위이자 존엄성을 선물한 하늘을 능멸하는 짓이다.

이 정도가 허균이 살았던 시대, 평균적 하늘 개념이었다.

---

4 요사하고 음란한데 단지 글재주가 있어서 진신 반열에 끼였다.《광해군일기 중초본》광해 1년(1609년 6월 14일).

044

천칭자리

브루스 스프링스틴Bruce Springsteen

힐러리 더프Hilary Duff

맷 데이먼Matt Damon

에미넴Eminem

어셔Usher

BTS 지민

미국 유명 잡지 〈피플〉이 뽑은 '별자리가 천칭자리'인 유명인들이다. 천칭자리 사람들은 평화와 균형을 소중하게 여기고 연민이 많으며 사회성이 좋아 크게 성공한다고 〈피플〉은 덧붙였다.

정말 그럴까?

045

점성술

이런 말을 하게 될 줄 몰랐지만 태양은 돌지 않는다. 하지만 지구에서 볼 때 태양은 돈다. 그렇게 태양이 도는(것처럼 보이는) 길을 황도라 하고, 황도를 12개로 나눠 그 자리에 있는 별들을 대충 꿰맞춘 게 별자리다.

3,000년 전 고대 바빌로니아 사람들이 고안했고 이를 바탕으로 점성술도 발명했다. 하늘에서 이루어진 것이 땅에서도 이루어진다고 믿고, 개인이 아니라 국가 명운命運을 예측하기 위해 만들었다.

지구가 회전하는 자전축은 공전 궤도면에 23.5도 기울어 있다. 그래서 지구는 겸손하게 고개를 23.5도 숙이고 태양 주위를 돈다. 그런데 이 자전축이 변한다. 1만 3,000년이 지나면 지구는 반대 방향으로 고개를 숙인다.[1]

1 중고등학생이 과학 시간에 세차 운동으로 배우는 내용이다.

이런 이유로 3,000년 전 만든 별자리는 지금과 다르다. 한 달 정도 차이 난다. 게다가 12개로 나눈 3,000년 전 별자리와 달리 요즘에는 13번째 별자리(뱀주인자리)를 미국 항공우주국NASA이 추가했다.

오늘날 사용하고 있는 3,000년 전 별자리로는 이미 죽은 람세스 2세 운명 정도나 점칠 수 있다. 허균은 자기 별자리가 마갈궁이라 '알았고', 점성술이 은근히 잘 맞는다고 했다.

맞다. 점성술사들이나 점쟁이들은 누구나 가진 보편적 성격이나 특성을 두루뭉술 포괄해서 말하기 때문에 어지간하면 내 얘기처럼 들린다. 이런 걸 바넘 효과나 포러 효과라 한다.

점쟁이: 요즘 집안에 안 좋은 일 있네.

주구장창 좋은 일만 있는 집안, 세상에 없다. 삼성가家에도 근심이 있고, 빌 게이츠는 집안이 박살났다.

점쟁이: 올여름엔 물을 조심해야 해.

바다, 강, 수영장, 목욕탕 중 어디? 빗물, 샘물, 콧물, 눈물 중 어떤 물? 지구 표면 70%가 물이고 우리 몸도 절반 이상 물이다. 만약 올여름 무탈하게 넘어가면 이렇게 말한다.

점쟁이: 내 말대로 조심해서 잘 넘어간 거야.

미국 천문학자 칼 세이건Carl Sagan이 말했다.

"점성술은 인종주의나 성차별주의와 비슷하다. 12개 칸을 만들어 그중 한 칸에 어떤 사람을 집어넣기만 하면 그가 가진 여러 특징은 물론 다가올 운명까지도 예견할 수 있다고 한다. 그를 알아가려는 노력 따위는 필요 없다고 말한다."

그런 면에서 혈액형 네 개로 성격을 구분하는 것은 판타지에 가깝다. 혈액형이 다르면 적혈구 표면 상태가 다르다. 그래서 온몸 세포들에 산소를 공급하는 효율이 미세하게 달라진다. 그뿐이다. 성격하곤 상관없다.

어쨌든 점성술사들, 요즘 기준으로 별자리 상황을 업데이트해야 할 테니 쓸 만한 우주 관측 사이트를 소개한다. NASA가 운용하는 사이트에 들어가면 최신 별자리를 비롯해 많은 것을 볼 수 있다.[2] 하버드대학교와 마이크로소프트가 공동 개발한 사이트도 있다.[3] 초속 17km로 날아가고 있는 보이저호가 현재 어디쯤 있는지도 알 수 있다.

---

2 http://eyes.jpl.nasa.gov

3 www.worldwidetelescope.org

046

먹방러 허균

조선 선비들은 음식을 함부로 먹지 않았다. 과식, 폭식, 탐식을 자기 조절 실패로 봤다. 음식을 절제하지 못하는 사람은 탐욕을 절제하지 못하고, 탐욕을 절제하지 못하는 사람은 품격과 존엄을 잃는다고 봤다.

비슷한 시대를 살았던 에라스무스Desiderius Erasmus[1]도 비슷한 말을 했다.

"먹는다기보다는 그냥 입에 쓸어 넣는다."

불교는 과격하다. 지옥을 언급한다.

---

1 네덜란드의 인문학자.

'폭식이나 먹방하던 자들, 보시[2]하지 않은 자들, 보시를 방해했던 자들은 죽어 아귀 지옥에 떨어진다. 아귀는 위가 항공모함 크기지만 목구멍이 바늘 사이즈라 24시간 굶주리는 고통에 시달린다.'

선비들은 먹을 때 다섯 가지 매뉴얼로 자신을 성찰했다. 식시오관食時五觀이라 한다.

1. 감사하라
음식 재료를 만든 사람과 음식 만든 사람 노고를 생각하라. 쌀米은 농부가 여든여덟八十八 번 정성을 쏟아야 탄생한다.

2. 땀 흘려라
일하지 않는 자, 먹지도 마라. 불로소득은 다른 사람 돈을 뺏은 것이다. 그 돈으로 호의호식 마라.

3. 잘 살아라
나는 과연 밥 먹을 가치가 있는 사람인지, 떳떳하게 살았는지를 생각하라.

---

2 남에게 재물이나 다른 것들을 베푸는 행위.

4. 탐식하지 마라

탐식은 모든 탐욕으로 들어가는 현관문이다.

5. 과식하지 마라

많이 먹지 말고, 보여주려고 먹지 말고, 알맞은 양을 먹어라. 네가 먹는 음식은 지구에서 같이 살아가던 동료 생명체를 죽여 만든 것이다.

1607년 3월 23일은 허균 집안에 기쁜 날이었다. 허균이 삼척부사로 발령났고, 큰형 허성도 바로 이날 예조판서에 오른다. 하지만 허균은 불교를 믿는다는 이유로 삼척에 도착하고 13일만에 잘린다.

잘난 형 도움으로 허균은 금방 내자시정(정3품)을 꿰찬다. 궁중에서 소비하는 각종 물자를 관리하는 직책인데 쌀, 술, 채소, 과일 등 음식물도 다룬다.

음식 좋아하는 허균 스타일에 딱 맞는 직책이지만 성에 차지 않았다. 보는 것은 의미 없고 마음대로 먹을 수 있는 직책이 끌렸다. 그래서 이조판서 최천건에게 들이댄다.

"6년쯤 남원 수령으로 있다가 방장산 신선이 되었으면 좋겠습니다. 남원 수령만 될 수 있다면 이조판서를 준다고 해도 노 땡큐입니다.”

신선은 그냥 하는 소리다. 음식 맛있기로 유명한 전라도, 그중 추어탕, 똥돼지, 섬진강 은어회, 지리산 산나물이 풍성한 남원에서 먹방 찍으며 살고 싶다는 말이다.

청탁은 실패했다. 그러자 감히 이조판서에게, 자신보다 서른 살이나 많은 최천건에게 협박인지 투정인지 아무튼 이상한 편지를 보낸다. 아마 집안 뒷배를 믿었나 보다.

“용을 고삐와 쇠사슬로 묶으려 하지 마십시오. 용은 가스라이팅이 불가능한 존재입니다.”

도대체 이놈은 뭐지, 하면서도 앞뒤 없는 비논리에 섬뜩해진 최천건이 황해도 배천은 어떠냐며 허균을 달래는데 펄쩍 뛰는 허균이다. 거기에는 먹을 게 없다고, 생선과 게가 일품인 부여 수령으로 보내달라 떼쓴다.

부여는 경쟁률이 높았다. 허균은 부여와 붙어 있는 공주, 생선과 게는 없고 할 일만 많은 공주목사로 임명된다.

047

탐식

허균은 어릴 때부터 입맛이 하이엔드였다.

"사방에서 별미를 아버지께 바치는 자가 많아서 나는 어릴 때부터 온갖 진귀한 음식을 고루 먹을 수 있었다."

결혼해서도 비슷했다.

"처갓집이 부자라 산해진미를 다 맛볼 수 있었다."

이러니 식시오관할 겨를 없다. 스스로를 이렇게 규정했다.

"나는 평생 먹을 것만 탐했다."
"나는 평생 입과 배만 채웠다."

합리화 작업도 하는데 재활용이다.

성욕과 '식욕'은 하늘이 준 것이다.
절제는 성인의 가르침이다.
성인은 하늘보다 급이 낮다.
성인의 가르침을 따르는 것은 하늘을 어기는 것이다.
따라서 나는 성적으로 자유롭게 살겠다.
과식, 폭식, 탐식 다 하며 살겠다.

허균은 43세 때 전라도 함열[1]로 귀양 간다. 메뉴는 상한 생선, 감자, 들미나리로 추락하고 그마저도 못 먹을 때가 많았다. 안 그래도 고급 입맛에 까탈스럽기까지 했던 허균은 어떻게 견뎠을까?

옛날 먹었던 맛난 음식들을 글로 쓰면서 상상 먹방을 찍었다. 정신 승리라 봐도 되겠다. 그렇게 쓴 책이 《도문대작屠門大嚼》이다. 식육점을 지나가면서 입맛을 크게 다신다는 뜻이다. 좀 머쓱했는지 책 머리말에 이렇게 썼다.

돈이 많아 먹는 것에 아낄 줄 모르는 자에게

---

1 익산.

부귀영화는 이처럼 뜬구름 같다는 것을
단단히 경고하기 위해 이 글을 쓴다.[2]

평생 먹을 것만 탐한 허균이 쓰기엔 어울리지 않는 머리말이다. 글과 삶이 참 안 맞다. 배우 김혜자는 아프리카에 다녀온 뒤 이렇게 말했다.

내가 죄인이었다.
굶는 사람들이 있다는 사실을 몰랐던 죄인.
굶는 아이들이 많다는 사실을 몰랐던 죄인.

벨기에 출신으로 카이로 빈민가에서 23년을 보낸 엠마뉘엘 수녀님이 말했다.

"늑대가 배고픈 개 앞에서 포식하는 것은 그렇다 치더라도 굶는 인간 앞에서 게걸스럽게 먹기 바쁜 인간들은 보아 넘기기 힘들다."[3]

---

2 허균은 불교에서 행하는 방법도 《한정록》에 소개한다. ① 음식에 든 노력을 생각한다. ② 착하게 살았나 반성한다. ③ 탐욕을 삼간다. ④ 음식을 약으로 생각한다. ⑤ 도를 이루기 위해 먹는다.

3 별명이 '카이로의 넝마주이'인 엠마뉘엘 수녀님에 관해서는 《풍요로운 가난》(엠마뉘엘 수녀, 마음산책, 2001)을 읽으면 좋다.

허균이 살았던 시대, 평민들 삶은 요즘 사하라 이남 아프리카와 비슷했다. 배부르게 먹으면 주변에 굶주리는 동료 시민과 동료 지구인이 있다는 것을 잊기 쉽다. 그들의 고통이 우리가 만끽하는 혜택에서 유발되었을 가능성을 잊게 한다. 고등종교가 단식이나 금식을 수행 방법 중 하나로 택하는 이유다.

048

윤리 무용론

홍문관에서 올린 상소다.

> 허균이 평생 동안 한 짓은 온갖 악행을 다 갖추고 있는데 상도常道를 어지럽히는 패려궂은 행실은 다시 사람의 도리를 기대할 수 없을 정도였습니다. 상喪 중에 창기를 데리고 있어서 인류에 버림을 받았습니다.[1]

홀어머니 장례 기간에 유흥가를 들락거렸다는 말이다. 부친 장례 때 환락가를 출입했던 둘째 형 허봉과 판박이다. 그럼에도 허균은 당당하다.

1 《광해군일기 정초본》 광해 10년(1618년 8월 22일).

윤리가 내 자유를 구속할 수 없다.

너희는 너희 법 지키며 살아라.

나는 내 마음대로 살겠다.

내 본능대로 살겠다.

허균과 같은 시대에 한 남매가 살았다,

남매가 아버지 장례를 치르다 누이가 쓰러진다. 탈진한 누이에게 오빠가 고기를 먹이려 하자 거부한다. 상 중에는 고기를 먹을 수 없지만 오빠가 먹으면 자기도 먹겠단다. 오빠는 예법을 어길 수 없다며 거부했고 누이는 죽는다. 세월이 한참 흐른 후, 오빠는 그날 행동을 후회했다.

윤리(도덕, 예의, 예절)는 한 사회가 오랜 세월 빚어낸 최적화된 행동 규칙이다. 반복해서 무시하면 본인 빼곤 죄다 피곤하다.

윤리는 인간을 억압하려고 만든 도구가 아니기에 예외가 인정된다. 그렇지 않으면 윤리가 그 사회를 삼켜버린다.

극(허균)과 극(오빠)은 희한하게 만난다.

049

허균 중간 평가

아버지(허엽)와 두 형(허성, 허봉)처럼 허균도 공인으로 살았으니 냉엄한 평가가 따른다. 실록에선 이렇게 단언한다.

허균은 간사하고 음탕하여 행동이 짐승 같다.[1]

지금까지 들여다본 디테일로는 과하다. 허균은 워낙 입체적 인물이라 그가 걸어간 궤적을 한참 더 따라가야 한다.

허균은 '입시+취업' 비리를 저질렀다. 과거시험 감독관을 하면서 서류를 조작하고 등수를 조작하는 등 불법을 저질렀

1 《광해군일기 중초본》 광해 2년(1610년 3월 14일).

다.[2] 그렇게 조카(허성의 아들 허보)와 조카 사위(허성 사위 박홍도)를 합격시켰다.[3] 이 일로 허균은 감방에 갇히고, 곤장을 맞고, 전라도로 귀양가는 트리플 수모를 스스로 획득한다.

사회적 약자와 소수자도 인재가 될 수 있다.
차별은 없어야 한다.[4]

불우한 젊은이들에게 기회 사다리를 제공해 개천에서 용 나는 사회를 만들자던 허균이었지만 정작 그는 사다리 중간에 걸터앉아 청년들 기회를 박탈했다. 그가 하는 말은 정의로웠고 그가 쓴 글은 청년들에게 희망을 주었지만 그가 한 행동은 찌질했다.

당연히 나빴다. 하지만 나쁜 사람이라고 규정하기는 힘들다. 입시 비리를 저지른 '그때는 나빴다' 정도가 온당하다.

---

2 《광해군일기 중초본》 광해 2년(1610년 11월 3일, 11월 16일).

3 허균뿐만 아니라 여러 권력자들이 입시 부정에 연루되었으나 허균만 처벌받았다. 《광해군일기 중초본》 광해 2년(1610년 12월 29일).

4 허균이 쓴 《유재론》에 나온다.

050

허균을 위한 변명

1610년(광해 2년) 10월 22일 실시된 과거시험은 개판, 난장판, 아사리판이었다. 합격자 명단 일부다.

- 박자흥[1] - 시험관 이이첨 사위
- 이창후 - 이이첨 사위 아비, 즉 이이첨 사돈
- 정준 - 이이첨 옆집 사람
- 허보 - 시험관 허균 조카
- 박홍도 - 허균 조카 사위
- 조길 - 시험관 조탁 동생
- 변헌 - 응시 자격 없는 전직 승려

1 시험관 박승종 아들(형조판서). 나중에 박자홍의 딸(이이첨 외손녀)은 광해군 며느리가 된다.

사람들은 합격자 명단을 자서제질사돈방子壻弟姪查頓榜이라 조롱했다. 합격자 명단이 아니라 아들, 사위, 동생, 조카, 사돈 명단이라는 뜻이다.

"이게 나라냐?"

여론이 폭발하자 광해군이 조치를 취하는데, 희한하다.

- 감독관 중 허균만 처벌
- 합격자 중 허보와 변헌만 합격 취소

누가 봐도 비리 몸통은 최고 권력자 이이첨이었고, 법무부 장관까지 불법을 저질렀지만 그냥 넘어갔다. 허균이 제일 만만해서 그랬다.[2]

400년 후에도 비슷한 일이 벌어진다. 똑같이 서울대 법대를 졸업한 권력자 세 명이 비슷하게 자식 입시에 부당하게 개입하는데, 한 명만 혹독하게 처벌받고 두 명은 의혹 수준에서 슬그머니 뭉개진다. 그 한 명이 제일 만만해서 그랬다.

---

2 나중에 이이첨은 아들 넷을 모두 부정한 방법으로 과거에 급제시켰다는 의혹을 받는다.

나머지 두 명의 자식들은 미국 아이비리그에서 세상을 호령할 인재로 쑥쑥 성장했다. 예상컨대 이 둘은 언젠가 한국으로 돌아와 제 부모가 그런 것처럼 우리를 호령할 것이다.

이 상황을 권필[3]이 시를 지어 조롱했다.

허균만 죄를 덮어썼으니
이런 세상은 공정한가?

권필이 조롱한 것은 17세기 조선일까, 21세기 한국일까?

---

3 1569-1612.

051

위선자

입시 부정을 저지른 허균이 쓴 〈호민론〉이다.

> 천하에 두려워할 사람은 백성뿐이다.
>
> 공직자는 물, 불, 호랑이보다 백성을 두려워해야 한다.
>
> 그런데 어찌 백성을 길들여서 부려먹으려고만 하느냐.
>
> 국왕은 백성을 위해 존재하는 것이지
>
> 백성 위에 군림하지 않는다.
>
> 계곡이라도 메울 욕심을 채우라고
>
> 국왕으로 세운 게 아니다.

기득권자가 참여하지 않는 개혁은 불완전하다. 오래가지도 않는다. 하지만 기득권자는 개혁에 참여하지 않는다. 기득권을 잡으면 그 속에 뿌리를 박고, 철옹성을 두르고, 목숨 걸고 지키려는 게 본능이니까.

기득권자가 개혁에 나선다는 건 제 본능과 싸우는 숭고한 투쟁이다. 자신이 받는 혜택을 인정하면서도 자기 존재를 부정해야 하는, 이율배반의 모순된 작업이다. 당연히 말과 행동에 차이가 생긴다.

이런 차이를 무조건 위선이라 비난하면, 기득권 속에서 개혁 움직임은 나오지 않고 사회는 기초에서부터 변하지 않는다. 그래서 우리는 둘 중 하나를 택해야 한다.

- **위선자는 너희들 리그에서 그냥 살던 대로 살아라.**
- **위선자라도 개혁에 동참해 공동체에 기여하라.**

참 어렵다.

052

허초희

허봉은 자신처럼 영특했던 여동생 허초희를 끔찍이 아꼈다. 여동생이 15세가 되자 남편감을 직접 골랐는데 6대 연속 과거급제자를 배출한 집안 후계자이자 친구 아들인 김성립이었다. 허초희는 시를 지어 알콩달콩 결혼생활을 꿈꿨다.

> 가을이 깨끗하니 호숫물도 구슬처럼 반짝이고
> 목련으로 예쁜 배 만들어 연꽃 깊은 곳에 매네.
> 건너편에 계신 님을 보고 연꽃 따서 던지다가
> 혹시 누가 보았나 싶어 하루 종일 부끄러웠네.

스펙이 인성을 가려버린, 판단 미스였다. 잘난 집안의 못난 남편[1]은 한 살 어린 부인에게 자격지심自激之心[2]이 있었다. 집에 붙어 있지도 않았다. 허초희가 남편에게 보낸 시다.

제비는 처마 근처 짝지어 날아다니고
떨어지는 꽃잎은 어지럽게 옷소매를 칩니다.
안방에 앉아 봄을 슬퍼하는 이유는
계절이 바뀌어도 님께서 돌아오질 않아서입니다.

가지가지 한다. 남편은 바람도 피웠다.

장롱 속 오래 보관해오던 비단 한 필
사랑의 정표로 오늘 당신께 드립니다.
당신 바지 만드는 거야 에브리데이 오케이지만
제발 다른 여자 옷감으론 주지 마세요.

그래도 남편은 마음을 돌리지 않았고 시집 식구들 구박은 갈수록 커졌다. 그러던 중 감당할 수 없는 비극이 초희를 덮친다. 딸과 아들이 연이어 사망한다.

---

1 허초희가 죽을 때까지 과거를 패스하지 못했고, 방탕했으며, 얼굴이 못났다고 한다.

2 자기가 한 일에 대해 스스로 미흡하게 여기는 것.

지난해 사랑하는 딸이 죽었는데

올해는 아들마저 잃었네.

슬프디 슬픈 광릉 이 땅에

두 무덤 서로 마주보고 섰구나.

너희들 영혼은 서로 알아보고

밤마다 만나 정겹게 놀겠지.

배 속에 있는 아이는

제대로 자랄 수 있을까.[3]

운명이란 잔인한 것, 아기는 세상에 나오지도 못하고 죽었다. 세 아이를 모두 앞세운 허초희는 극심한 스트레스와 우울증으로 27세에 사망한다. 그런데 이런 댓글이 그의 죽음을 모독했다.

ㄴ 살아서는 김성립과 살았으니 죽어서는 두목[4]과 살아 보던가.

ㄴ 시가 방탕스럽다.

---

3 〈곡자〉. 광릉은 경기도 광주군 초월면 지월리 산29의 5. 이곳에 남매 무덤이 있고 허초희도 묻혔다.

4 당나라 천재 시인 두목杜牧(803-853). 똑똑하고 호탕하며 미남이라 9세기 당나라 인싸였다.

살아생전 허초희는 이렇게 탄식했다.

"왜 이 나라에 태어났을까?"

"왜 여자로 태어났을까?

"왜 김성립 아내가 되었을까?"

그 유명한 허난설헌 본명이 허초희다. 죽기 한 해 전 허난설헌이 꿈을 꾸고 지은 시다.[5]

시퍼런 바닷물이 구슬 바다 스며들고
각양각색 봉황들이 서로서로 어울리네.
스물일곱 연꽃 송이 하얗게 떨어지니
붉게 떨어지는 달빛에 서리 매우 차갑다.

호사가들은 죽어버린 27송이 연꽃과 27년 살다 간 허난설헌을 연결했다.

---

5 허난설헌(1563-1589). 그녀 작품을 두고는 위작 논란이 많다. 동갑내기 이수광을 시작으로 김만중, 이덕무 등 지식인들로부터 표절을 의심받았고 상당 부분은 표절임이 드러났다.

053

개천용 지수

20세기 후반은 개천에서 용 나던 시절이었다. 뼈를 깎는 노력이면 지렁이와 이무기도 용이 될 수 있었다. 용까지는 아니더라도 개천 환경이 좋아져 지렁이와 이무기로 살아도 평범한 삶은 가능했고, 어찌어찌 희망도 노래할 수 있었다.

2000년을 전후해선 '할아버지 재력, 엄마 정보력, 아빠 무관심'이 입시 성공 필수 세트가 되면서 용을 배출하던 개천은 대부분 복개되고 그 자리엔 아파트가 들어섰다.[1]

---

1 용이 될 수 있음에도 개천에서 태어나는 바람에 용이 되지 못한 사람들이 있을까? 있다면 얼마나 될까? 어떤 이들은 '있지도 않는 계급 갈등을 유발하는' 질문이라 하겠지만 실제로 이를 계산한 사람이 있다. 서울대학교 경제학과 교수다. 태어난 환경이 성공에 미치는 영향을 통계적으로 분석한 한국 최초 연구다. 주병기 교수는 '통계청 가계동향조사'와 '한국노동연구원 노동패널조사'를 이용해 1990년부터 2016년까지

요즘엔 또 달라졌다. '부모 재력'과 '아빠 학력'이 입시에 성공하기 위한 양대 요소로 등극했다. 2020년 SKY(서울대, 연세대, 고려대) 신입생 중 부모가 월 900만 원 이상 버는 비율이다.[2]

- SKY 신입생 - 55%
- SKY 의대 - 74%
- SKY 로스쿨 - 58%

서울대로 한정하면 이렇다.[3]

- 서울대 - 63%
- 서울대 의대 - 85%
- 서울대 로스쿨 - 69%

2018년 서울대 논문이다.

한국의 기회불평등 정도를 숫자로 보여줄 수 있는 지표를 개발했다. 이를 '개천용 기회불평등 지수'라고 한다. 부모 재력, 부모 학력, 자식 성공의 연관성을 수치화했다고 보면 맞다. 주 교수에 따르면 개천용을 가로막는 장애물의 양과 질이 30년 만에 2배 정도 높아졌다고 한다.

2 김병욱 국민의힘 의원. 한국장학재단자료.

3 미국도 사정은 비슷한 모양이다. 아이비리그 학생 3분의 2 이상이 소득 상위 20% 이내 출신이다.

아버지 학력이 높으면 자녀 성적도 높다.

여기까지는 요즘 상식과 맞다. 하지만 완전하진 않다. 부모 재력과 학력은 문화 자본과 만나야 자식 성공에 온전히 기여할 수 있다.

문화 자본?

054

문화 자본

- 어릴 때부터 확립된 독서 습관
- 다양하고 세련된 어휘력과 문해력
- 자신을 표현하는 기술
- 음악, 연극, 오페라 등 문화 취향
- 예술 작품에 대한 이해도
- 사교술, 처신, 에티켓, 예의, 사회성
- 감정 제어, 성실

이런 것들을 문화 자본cultural capital[1]이라 한다. 입시(는 물론 직

1 프랑스 사회학자 피에르 부르디외가 개념화한 사회학 용어다. 예술, 교육, 지식 등 사회적으로 물려받은 계급적 배경에 의해 자연스럽게 형성된 환경 요소를 가리킨다.

장·사회·인간 관계)에 성공하기 위해 필요한 능력이지만 학교나 사교육, 유튜브에선 배울 수 없다. 왜 그럴까?

문화 자본은, 문화 자본을 지닌 부모가 가정에서 대화나 삶을 통해, 조언이나 모범을 통해, 오랜 시간 부지불식不知不識[2] 간에 전해주는 능력이라서 그렇다.[3]

SKY 학생들이 나는 내 노력'만'으로 정당하게 진학했다고 말하는 것은 정당한가?

---

2 생각하지도 못하고 알지도 못함.

3 부모가 문화 자본을 풍부히 가지기 위해선 돈이 많고 학벌도 좋아야 한다. 결국 부모 재력과 학력이 자녀 인생을 결정하는 상황이다. 요즘 교육(사실은 입시 교육)은 계층 이동을 가능하게 해주는 사다리 역할에서 계층을 대물림하는 도구로 전락했다. 그래서 부가 대물림하듯 가난도 대물림한다. 갈수록 개천에서 나는 용은 천연기념물 수준을 넘어 SF 비슷하게 변하고 있다.

055

너그 서장 남천동 살제

너그 서장 남천동 살제?

내가 임마, 너그 서장이랑 임마.

어저께도 으이, 밥도 묵고 으이.

사우나도 가고 마, 내가 다 했어.

최민식, 하정우, 조진웅, 마동석, 곽도원, 김성균 등 쟁쟁한 배우들이 출연한 영화 〈범죄와의 전쟁〉에서 최민식이 경상도 사투리로 내뱉은 대사다. 최민식이 경찰서에서 빠져나가기 위해 기지를 발휘했다.

“내가 너희 대장인 경찰서장과 식사도 같이 하고 사우나도 같이 가는 사이다. 어디서 감히 내게 수갑을 채워! 이따위로 나를 대접하면 경찰서장이 너희를 가만둘 거 같아?”

이 정도 의미다. 물론 거짓말이다. 통했을까?

통했다. 뒷덜미에 서늘함을 느낀 형사가 수갑을 풀어준다. 이게 사회 자본social capital이다.

학교, 직장, 사업, 모임 등 사회관계를 통해 기회에 접근하는 데 도움 되는 내 인맥과 가족 인맥을 사회 자본이라 부른다. 다른 사람이 가지고 있는 자원을 동원할 수 있는 능력이다. 양과 질이 뛰어난 사회 자본을 가지면 어떤 분야든 성공을 거머쥘 가능성이 높다.

056

위장된 상속

금융 자본이나 부동산 자본을 상속할 땐 세금을 낸다.

문화 자본과 사회 자본은 세금이 없다. 아무 제한 없이 자녀에게 물려줄 수 있다. 그래서 이딴 소리 나온다.

"능력 없으면 네 부모를 원망해. 돈도 실력이야."[1]

문화 자본과 사회 자본을 충분히 누리는 사람들은, 그것을 상속이라 생각하지 않고 온전히 제 능력이라 믿는다.

---

1 박근혜 정권 때 국정을 농단했던 비선 실세 딸이 2016년 인터넷에 올린 글이다. 저 문장 그대로 검색하면 디테일이 나온다.

057

노력과 행운

학업이든 직업이든 성공을 좌우하는 건 뭘까?

① 노력

② 운

③ 특권

④ 문화 자본, 사회 자본

우리 사회 대표 엘리트 두 명이 있다.

- **이준석**: 서울과학고등학교 졸업

  하버드대학교에서 경제학과 컴퓨터공학 전공

  22대 국회의원

- **이탄희**: 서울대학교 법학과 졸업

  하버드대학교 로스쿨. 20대에 판사 임용

  21대 국회의원

이 둘에게 자신이 성공할 수 있었던 요인을 물었다. 둘은 나이 차가 겨우 7년이다.[1]

이준석: 내 노력 덕분이다.[2]

이탄희: 나는 행운이 있었다. 부모를 잘 만났고, 건강했으며, 공부에 집중할 수 있었고, 시행착오를 감당할 여유가 있었으며, 주변 도움을 받을 수 있었다. 용이 될 수 있는 개천을 운 좋게도 만날 수 있었다. 하지만 그런 행운을 갖지 못한 친구들이 셀 수 없이 많았다. 그 친구들은 이제 대한민국 평범한 소시민이 되었다. 그들과의 일체감이 나의 본질이다. 그들은 남이 아니다.

---

1 물론 직접 물어본 것은 아니다. 저서와 인터뷰를 통해 유추했다.

2 이준석이 언론에 말한 내용과 자서전을 참고했다.

058

완벽하게 공정한 경쟁

아마, 이준석이 세상을 바라보는 방식이다.

"좀 잔인한 측면이 있기는 하지만 등수를 두고 경쟁하던 학창 시절이 완벽하게 공정했다고 생각합니다."

정말 공정한 경쟁이었을까? 2016년 서울대학교에서 발표한 '서울대 가상 합격률 및 실제 합격률'이다.

- **학생 능력에 따른 서울대 합격률: 강남구가 강북구의 1.7배**
- **실제 합격률: 강남구가 강북구의 20배**

자신이 공동체로부터 무엇을 얻고 있는지를 잊어버린 사람은 자신이 아무것도 빚지지 않았다고, 혼자 해나갈 수 있다고

착각한다.[1]

1 리베카 솔닛,《이것은 이름들의 전쟁이다》, 김명남 역, 창비, 2018, 104쪽.

059

하버드대학교

이준석과 이탄희가 하버드대학교에 발을 딛기 훨씬 전인 1962년, 존 롤즈John Bordley Rawls[1]는 하버드대학교 교수가 된다. 1971년 롤즈가 쓴 《정의론》은 철학 내에서 사양 산업으로 말라가던 윤리학을 화려하게 소생시킨다.[2] 벽돌 책이라 읽을 수도 없고, 읽어도 무슨 말인지 모른다. 그래도 기억에 남는 주장이다.

"노력도 재능이다."[3]

마이클 샌델Michael Joseph Sandel은 1980년, 27세 나이로 하

1 1921-2002.

2 철학은 인식론, 존재론(형이상학), 윤리학, 미학 등으로 세분할 수 있다.

3 존 롤즈, 《정의론》, 황경식 역, 이학사, 2003, 155쪽.

버드대학교 최연소 교수가 된다. 샌델은 롤즈의《정의론》을 정교하게 비판하며 명성을 쌓았다. 본인 강의를 책으로 엮은 《정의란 무엇인가》는 일반인이 읽기에는 어려운데도 베스트셀러가 된다.

샌델은 하버드 학생들이 '노력도 재능'이라는 말에 알레르기 반응을 보이는 게 흥미로웠다. 그래서 재미 삼아 학생들에게 형제 중 첫째인 사람은 손을 들라고 말했다. 몇 명이나 들었을까?

학생 중 75~80%가 첫째였다.[4] 매년 조사를 할 때마다 비율은 거의 같았다. 하버드에 합격하는 데 둘째나 셋째가 아닌 첫째로 태어난 게 상당히 도움되었다고 해석할 수 있다.

---

4 마이클 샌델,《정의란 무엇인가》, 김명철 역, 와이즈베리, 2014, 222쪽.

060

인재人材 혹은 인재人災

이준석은 지하철 적자 주요인이 노인들 때문이라고, 그래서 무임승차를 폐지하자고 주장한다. 대신 모든 교통수단을 이용할 수 있는 선불형 교통카드를 지급하자고 한다. 얼마든지 할 수 있는 말이고 충분히 논의해볼 안건이다. 문제는 그가 동원한 수사법이다. 2024년 국회의원 선거를 앞두고 방송사 토론에서 이렇게 말했다.

"무임승차 비율이 가장 높은 역이 경마장역이다. 이게 젊은 세대에 어떻게 받아들여질지 살펴봐야 한다."

일단 팩트가 틀렸다. 무임승차 비율이 가장 높은 역은 탑골공원이 위치한 종로3가역이다. 일부러 그랬는지 의도했는지, 이름도 틀렸다. 경마장역이 아니라 경마공원역이다.

추론 과정에도 오류가 있다. 공짜 지하철을 타고 경마장으로 간 노인 중 몇 %가 경마를 했는지 수치로 밝혀야 한다. 아이를 데리고 경마공원에 놀러가 다양한 부대시설을 즐긴 부모가 블로그만 뒤져도 수두룩하다.

결국 이준석의 발언은 이렇게 읽힌다.

"도박하러 다니는 노인들 지하철 요금까지 청년들 세금으로 내줘야 해?"

이준석은 팩트를 중요하게 생각하지 않는 것으로 보인다. 지지층인 청년들, 특히 남성 청년들의 상실감을 자극해, 그에 대한 반응을 정치적 자산으로 챙기는 데 능해 보인다.

유명한 논객 진중권은 이런 이준석을 향해 '괴벨스 화법'을 구사한다고 했다. 히틀러 오른팔이었던 괴벨스는 궤변으로 대중을 휘어잡는 일에 천재였다.

이준석을 분석한 탁월한 책이 《보통 일베들의 시대》다.

> "그의 진정한 강점은 무엇보다 술수에 있다. 그가 즐겨 사용하는 술수는 '적'이 언젠가 뱉은 말을 탈맥락화시킨 후, 가장 자극적인 부분만을 과장하여 그것을 상대의 추악함으로 부각함으로써 원래의 발언이 가지고 있던 도덕

적 합의를 파괴하는 것이다."[1]

"그에게서 느껴지는 일베의 그림자란 각자의 특수한 경험과 환경과 조건이 무시되고, '공정한 경쟁'이라는 이름의 경직된 평가체계에 모두가 사활을 걸고, 그 결과에 따른 열패감과 모멸감, 그리고 빈곤까지지도 기꺼이 받아들이는 능력주의적 디스토피아의 도래다. 하물며 모멸을 주는 이들이 일베적 형식까지 취한다면 이 사회가 얼마나 참혹할지는 말할 것도 없다."[2]

이준석에겐 이런 댓글이 달린 적도 있다.

ㄴ 너는 늘 공정하게 경쟁했니? 공정이라는 단어를 약자를 후려패는 데만 공정하게 사용하지는 않았니?

이준석은 괴벨스가 되기엔 아까운 인재다. 자신을 향한 논리적 비판을 겸허히 성찰해서, 우리 사는 땅을 더 좋은 곳으로 만들어가는 젊고 멋진 정치인이 되기를 간절히 바란다.

이준석은 과연 괴벨스가 될 것인가, 소크라테스가 될 것인가.

---

1 김학준, 《보통 일베들의 시대》, 오월의봄, 2022, 360쪽.

2 김학준, 《보통 일베들의 시대》, 오월의봄, 2022, 362쪽.

061

이승만 농지개혁

조선 시대 내내 개천에서 용 나기는 힘들었다. 한국에서 개천용은 언제부터 등장했을까?

1948년 12월 4일, 이승만 대통령 라디오 연설이다.

> 하나님이 세상을 창조하실 때
> 양반, 상놈, 부자, 빈민을 따로 만들지 않으셨습니다.
> 부자는 대대로 부자, 양반은 대대로 양반.
> 이것은 불공평하고 부조리합니다.
> 이것을 해결할 수 있는 유일하고 근본적 해결책은
> 농지개혁법입니다.

이승만 대통령은 농지개혁으로 소작농을 줄이고 자작농을

양성하려 했다.[1] 덕분에 농민들은 과도한 소작료 부담에서 벗어날 수 있었다. 이는 교육 기회 확대로 이어졌고, 결국 개천에서 용 나는 세상이 어느 정도 가능해졌다.

20세기 최고 석학 중 한 명인 역사학자 에릭 홉스봄Eric John Ernest Hobsbawn[2]이 우리나라를 평가했다.

"일본, 남한, 대만은 미국 점령군 보호 하에 또는 미국 점령군에 의해 매우 급진적인 농지개혁을 시행했다. (…) 이 나라들은 공업화에 성공했다. (…) 남한은 눈부신 성공을 거두었다."[3]

---

1 부실한 보상으로 중소지주를 오히려 몰락시키고 농민들을 더욱 영세화시킨 부작용도 있었다. 부작용 없는 정책은 없다. 부작용은 부작용否作用(나쁜 작용)이 아니라 부작용副作用(부차 작용)이다. 즉, side effect다.

2 1917-2012. 이집트에서 유대계 영국인 아버지와 오스트리아인 어머니 사이에서 태어났다. 20세기를 대표하는 마르크스주의 역사가지만 자유주의자들에게도 인기가 높다. 케임브리지대학교에 다닐 때 이상하게 생긴 애가 매일 조깅을 했는데 알고 보니 천재더라, 라고 그가 말했는데 그 아이가 앨런 튜링Alan Turing이었다. 앨런 튜링은 컴퓨터 과학의 선구자다.

3 에릭 홉스봄, 《극단의 시대(하)》, 이용우 역, 까치, 2009, 제12장.

062

업적과 과오

이승만 대통령은 현재까지도 찬반을 격하게 부르는 입체적 인물이다. 업적과 과오를 플러스 마이너스로 퉁치는 게 쉽지 않다. 일단 그가 일군 업적 셋이다.

❶ **자본주의 시장경제를 도입했다.**[1]

❷ **경제 발전 기초를 마련했다.**[2]

❸ **원자력 발전 토대를 닦았다.**[3]

---

1 해방 후 많은 지식인들이 사회주의(공산주의) 사상에 빠져들고 있는 상황에서 자본주의 시장경제를 도입해 남한의 공산주의화를 막았다는 게 이승만의 가장 큰 업적이다.

2 비굴해 보일 수도 있지만 당시로서는 최선인, 미국과 '한미상호방위조약'을 맺음으로써, 즉 미국의 경제 지원을 제도적으로 보장받음으로써 일본이 단물 쪽쪽 빨아먹고 버린 껍데기 나라를 다시 일으켜 세울 수 있는 씨앗을 확보했다는 점은 두 번째 큰 업적이다.

3 미국과 원자력 협정을 맺고(1956), 한양대학교와 서울대학교에 원자력

대표 과오 셋이다.

❶ **친일파 처리 실패**

❷ **국민 학살**[4]

❸ **독재 정치, 헌법 파괴, 자유민주주의 파괴**[5]

박정희 대통령이 이승만 대통령을 평가했다.

"이승만 씨가 꾸며 놓았던 자유당이야말로 자기파만의 수지타산을 제일로 치는 정당의 본보기였으며, 세계 선거 역사 가운데서 일찍이 그 예를 찾아볼 수 없으리만큼 부정과 불법

공학과를 설치했으며, 젊은 물리학자들을 미국 아르곤국립연구소로 유학 보내 원자력 기술을 배워 오게 했고(1956), 원자력 연구소를 세웠으며(1959), 당시 돈 35만 달러를 투입해 연구용 원자로 '트리거 마크2'를 건설했다(1959). 미래를 내다보고 원자력 연구에 거금을 투입했다. 이 때문에 박정희 정권에서 원자력을 통한 안정적 에너지 공급이 가능했고 한국 경제가 발전할 수 있는 씨앗이 되었다. 원자력 발전에 대해서는 찬성과 반대가 첨예하게 대립하고 있다. 폐기물 보관과 처리, 환경 문제까지 합치면 원자력 발전을 통해 생산하는 전기가 결코 싼 전기가 아니지만 이승만이 시작한 원자력 발전이 있었기에 한국의 기사회생과 경제 발전이 가능할 수 있었다는 것은 부인할 수 없는 사실이다. 그때는 그럴 수밖에 없었다, 정도가 아닐까.

4 제주 4·3, 여순 반란, 국민보도연맹 등. 이에 대해서는 도올 김용옥이 쓴《우린 너무 몰랐다》(통나무, 2023)'를 읽으면 좋다.

5 사사오입 개헌, 서북청년회 등 정치깡패들을 동원해 정치인과 시민 탄압, 국회 프락치 사건, 부정선거 등.

의 흉계를 꾸미고 이를 국민에게 강요했던 사실을 우리는 너무나도 잘 알고 있다."[6]

경복궁 강녕전(왕이 잠자던 곳) 서편에 인공으로 만든 직사각형 연못이 있다. 연못 동쪽에 서 있는 웅장한 정자 경회루는 외국 사신을 영접하던 영빈관으로 국보 제224호다.

연못 북쪽에는 일반인 관람이 제한된 조그만 정자, 하향정荷香亭이 있다. 업무에 지친 세종대왕이 난간에 걸터앉아, 달달한 라테 한 잔 드시며 한숨 돌릴 시설 같지만 세종대왕은 그런 호사를 누리지 못했다. 이승만 대통령이 낚시를 즐기기 위해 만든 정자다. 이건 공일까 과일까?

---

6 박정희, 《하면 된다! 떨쳐 일어나자》, 동서문화사, 2005, 21쪽.

063

이승만과 토지 공개념

이승만 대통령이 농지개혁을 추진하기 위해선 무엇보다 농림부 장관이 중요했다. 이 지점에서 그는 희한한 결정을 한다. '철저한 반공주의자'이자 우파 상징 이승만이 1948년, 수많은 인재를 제쳐두고 전직 '열혈 공산주의자' 조봉암[1]을 대한민국 1대 농림부 장관으로 앉힌다.

그렇게 해서 탄생한 농지개혁은 〈경자유전〉을 기초로 한다.

- **농사짓는 사람'만' 농지를 소유할 수 있다.**

---

1 3·1운동에 참여한 항일운동가 조봉암(1898-1959)은 1946년 이후 사회민주주의로 전향하긴 했지만 청년 시절을 공산주의자로 보냈다. 1958년 간첩죄와 국가보안법 위반 혐의로 이승만 정권에 의해 사형당한다. 이 사건에 대해 2011년 대법원은 무죄를 선고했다.

▪ 땅에서 나온 수익은 온전히 농민에게 가야 한다.[2]

우파 진영에서 나온 좌파 정책. 보수에서 터진 진보 정책. 이런 게 유연성이다.

농지개혁 덕분에 농민들은 대한민국에 충성할 이유를 찾을 수 있었다. 한국전쟁 몇 개월 전에 농지가 분배됐고, 농민들이 북한 남침을 환영할 이유가 사라졌다. 이 점이 한국전쟁에도 영향을 끼쳤다는 이론이 있다.[3]

---

2 헌법 제121조 ①국가는 농지에 관하여 경자유전의 원칙이 달성될 수 있도록 노력하여야 하며, 농지의 소작제도는 금지된다. ②농업생산성의 제고와 농지의 합리적인 이용을 위하거나 불가피한 사정으로 발생하는 농지의 임대차와 위탁경영은 법률이 정하는 바에 의하여 인정된다.

3 뉴라이트 진영은 농지개혁에서 이승만 역할을 크게 강조하고 있지만 학계에서는 4요소(농민, 미군정, 이승만, 조봉암)가 복합 작용한 것으로 본다.

064

박정희 토지 공개념

박정희 정권은 이승만 정권보다 더 나갔다. 1977년 8월 3일, 건설부 장관 신형식이 전경련 초청 조찬회에서 말한다.

"한국처럼 좁은 나라에서 토지의 절대적 사유란 존재하기 어렵다. 주택용과 농경지를 제외한 토지에 대해서는 공개념 도입이 필요하다."

박정희는 1978년 정부에 토지 공개념 위원회를 구성하고, 토지 공개념에 입각한 토지정책을 만들 것이라 천명했다. 우파 진영에서 나온 좌파 정책, 보수에서 터진 진보 정책이다.

1년 후 1979년 미국을 방국하고 돌아온 등소평이 말한다.

不管黑猫白猫 부관흑묘백묘

捉到老鼠就是好猫 착도로서취시호묘

고양이를 사랑하는 사람들에겐 기겁할 말이지만 50년 전 이야기임을 감안하길 바라며, 고양이는 쥐만 잘 잡으면 검은 고양이든 흰 고양이든 상관없다는 뜻이다. 줄여서 흑묘백묘黑猫白猫라 한다.

이후 중국은 개혁과 개방을 시작했고, 지지리도 못살고 궁상맞던 중국에서 오늘날 미국과 맞짱 뜨는 바로 그 중국이 된다. 대통령 가족, 대법관, 국회의원은 물론 일반인들까지 법을 어겨가며 농지를 소유하는 것은 전국적 현상이다. 땅을 빌려 농사짓는 농민들이 호소한다.

"저는 진짜 임차인입니다. 전국 농민 절반은 땅이 없는데 고위 관료와 정치인 절반이 농지를 소유하고 있습니다. 농지는 투기 대상이 아닙니다. 농지는 식량이고 국민들 목숨입니다."

다른 사람은 그렇다 쳐도, 적어도 이승만과 박정희를 국부로 추앙하는 정치인들만큼은 아버지를 배신하지 않았으면 좋겠다. 하루라도 빨리 농지를 농민들에게 되돌려주는 아름다운 반성과 상생이 일어나길 간절히 빈다.

065

헨리 조지
토지 공개념

도로가 뚫리면 주변 토지 가격은 치솟는다. 토지 소유자들은 아무 노력 없이 재산을 불리고, 그 부담(임차료 상승, 서비스와 상품 가격 상승 등)은 고스란히 n등분해 다른 이들에게 전가된다.

이런 불로소득은 도적적 모순이라고 미국 경제학자 헨리 조지Henry George[1]는 강력하게 주장했다. 주기적으로 경제 불황이 닥치고 빈부격차가 사라지지 않는 이유는 토지 가격 상승 때문이니, 상승한 지가地價에 '토지가치세'를 매겨야 한다고 주장했다.

- 경자유전 - 토지 공개념의 약한 버전
- 토지 공개념 - 소유권은 개인이 가짐. 토지에서 나오는 이윤에 세금

1 1839-1897.

▪ 토지 국유화 - 토지에 관한 모든 권한을 국가가 소유

노동소득엔 세금을 매기지 말고, 오직 토지 소유자가 얻은 불로소득에 대해서만 세금을 걷자는 단일세 이론이다.

얼핏 들으면 좌파 정책같지만 토지가치세만 잘 걷으면 다른 세금은 모두 폐기할 수 있으니, 모든 세금을 악으로 보는 우파 이념과도 꼭 맞다. 실제 신자유주의 전도사, 우파들의 정신적 지주 밀턴 프리드먼Milton Friedman[2]조차 토지가치세는 '가장 덜 나쁜 세금the least bad tax'이라며 소극적 혹은 마지못한 지지를 보냈다.[3]

감동이다. 토지가치세만 걷으면 지긋지긋한 세금 일체를 싹 없앨 수 있다니. 내가 번 돈은 원천징수로 이것저것 뗄 것 없이 내가 다 쓰면 된다. 기름값에 한 움큼 붙는 세금도 사라지고, 마트에서 사는 물건값과 떡볶이 가격도 10% 싸진다. 비용 늘려 세금 줄이려고 슈퍼 카를 다섯 대나 굴렸다던 남자 영화배우는 이제 그런 개고생은 끝이다.

---

2 1912-2006, 미국 경제학자.

3 그레고리 맨큐, 《맨큐의 경제학》, 김경환·김종석 역, 교보문고, 2005.

헨리 조지가 펴낸 《진보와 빈곤》은 1879년 당시 베스트셀러에 올랐고 조지 버나드 쇼, 톨스토이, 쑨원을 비롯한 많은 이들을 감동시켰다.[4] 39세에 《진보와 빈곤》을 탈고한 헨리 조지는 벅찬 감동으로 무릎 꿇고 눈물 흘리며 기도했다.

"주님, 제가 할 일은 이제 다 했습니다. 이제 주님께서 하실 차례입니다."

---

4 헨리 조지, 《진보와 빈곤》, 김윤상 역, 비봉출판사, 2009.
같이 읽으면 좋은 책을 소개한다.
《헨리 조지와 지대개혁》(김윤상 외, 경북대학교출판부, 2018), 《분배적 정의와 한국 사회의 통합》(김성진 외, 율곡출판사, 2018), 《특권 없는 세상》(김윤상, 경북대학교출판부, 2013), 《노동 빈곤과 토지 정의》(헨리 조지, 김윤상 역, 경북대학교출판부, 2012).

066

부루마불

감동한 사람 또 있다. 링컨 대통령이 사망한 1866년 태어난 리지 매기Lizzie Magie는, 노예제 폐지를 위해 링컨과 함께 활동했던 아버지를 둔 그는, 헨리 조지 이론을 널리 알리기 위해 '지주 게임Landlord's Game'을 발명한다. 보드 게임인데 인기는 없었다.

30년 후 찰스 대로우Charles B. Darrow는 지주 게임을 살짝 변형해 '모노폴리Monopoly(독점 게임)'를 만들었고, 완구회사에 팔아 백만장자가 된다.

모노폴리를 모티브로 1982년 한국에 등장한 게 그 유명한 '부루마불Blue Marble'이다. 미국 모노폴리건 한국 부루마불이건 특징이 똑같다.

- 승자는 한 명
- 나머지는 알거지
- 판세가 기울면 인생역전 불가

부루마불을 검색하면 게임 방법이 나오는데 마지막 설명이 참 무섭다.

- 한 명을 제외한 모두가 파산하면 게임이 종료된다.
- 살아남은 사람이 승리한다.

067

돈이 너를 악하게 만들었니

미국 버클리대학교 심리학과 교수 폴 피프Paul Piff는 학생들을 A와 B로 나누고, A와 B 두 명이 한 조가 되는 여러 조를 짰다. 둘이서 모노폴리 게임을 하게 하되 조건을 추가했다.

- 처음 출발할 때 지급액: A가 B 두 배
- 한 라운드 돌 때마다 지급액: A가 B 두 배

A쪽으로 기울어진 운동장이다. 누가 이겼을까?

당연히 모든 조에서 A들이 이겼다. 놀라운 건 관찰카메라에 포착된 A들 게임 태도였다.

"너는 이제 엿 됐어."

"세상을 확 다 사버릴까?"

게임이 끝난 후 인터뷰에서 A들은 비슷하게 말했다.

"제 능력이죠."

게임 규칙이 유리했다는 말은 아무도 하지 않았다. 피프 교수가 내린 결론이다.

"금수저(A)들은 자신이 성공한 요인으로 노력과 재능을 꼽았다. 게임은 공정하다고 했다. 그러니 흙수저(B)들이 차별받는 게 당연하다고 생각했다. 금수저들은 흙수저들에 대해 동정심을 느끼지 않았다. 오만하고 멸시했다."

씁쓸한 결론이지만 한 조각 희망도 보인다. 태어날 때부터 악했던 게 아니라 돈이 그렇게 만들 수 있다는 가능성이다.

"유년 시절 가난을 다룬 짧은 영상을 보는 것만으로도 부자들은 고통을 겪는 타인에게 더 너그러워졌다."

연민과 동정심 등 공동체 유지에 꼭 필요한 항목들은 후천적으로 학습될 수 있다.[1]

---

1 TED 강연(bit.ly/2GQLxA4), 'Does Money Make You Mean?'.

068

작은 자아

1969년 아폴로 9호에 탑승했던 러셀 슈와이카트Russell Schweickart는 이렇게 말했다.

“우주를 직관하면 이전과 똑같은 인간일 수 없다.”

우주에서 맛본 압도적 시각 경험이 내가 얼마나 작은 존재인지를 깨닫게 해서 그렇다. 이런 감정을 경외감, 경외심, 줄여서 ‘경외敬畏’라고 한다.[1]

우주비행사 중에서 가장 세속적이었다는 아폴로 14호 선

1 ‘오버뷰 이펙트the overview effect’라는 용어도 비슷한 개념이다.

장 앨런 셰퍼드Alan Shepard[2]는 이렇게 말했다.

"I was a rotten son of a bitch before I left. Now I'm just a son of a bitch(우주를 보기 전에는 썩어빠진 개새끼, 보고 나서는 그냥 개새끼)."[3]

내가 얼마나 작은 존재인지를 깨달으면 자신에게로 향하던 집착이 줄어들고 삶이 오히려 행복해진다. 이를 '작은 자아 이론'이라 한다. 요즘 대세는 작은 자아와 정확히 반대다.

1. **셀피즘**(SNS를 통한 자기 과시)
2. **나르시시즘**(자신에게 애착)
3. **취향, 선, 정의의 표준은 나 자신**

세 항목 공통점은 '자기 숭배'다. 그래서 미국 바이올라대학교 테디어스 윌리엄스Thaddeus Williams 교수는 요즘 가장 빨리 성장하는 종교가 자기 숭배라고 꼬집었다.

작은 자아를 추구하고 경외감을 찾는 것, 어쩌면 행복 비법일 수도 있다.

---

2 1923-1998. 달에서 인류 최초로 골프를 쳤다.

3 다치바나 다카시, 《우주로부터의 귀환》, 전현희 역, 청어람미디어, 2002, 40쪽.

069

경외

웅장한 것

감각을 뛰어넘는 것

신비한 것

거룩한 것

이걸 직관한 사람은 여러 가지로 반응하는데, 크게 두 갈래다.

- 두려움, 공포, 전율 - 트리멘둠tremendum
- 매혹, 삼매경, 존경 - 미스테리움mysterium

두 감정은 대개 하나로 엉켜 있어 종교학에서는 '트리멘두스 미스테리움tremendus mysterium'이라 붙여 부른다. 우리말로 바꾸면 이렇다.

두려운 신비

두렵지만 신비함

신비하지만 두려움

이걸 쉽게 표현한 단어가 경외다. 종교가 있는 사람은 신을 떠올리면 되고, 종교 없는 사람을 위해서는 칼 세이건이 말했다.

“경외감을 느끼고 싶다면 밤하늘을 올려다보세요.”

철학자 칸트는 좀 길다.

“완전히 새로워지고 점점 더 커지는 경외감을 불러일으키며 마음을 채우는 두 가지가 있다. 하나는 별이 빛나는 하늘, 다른 하나는 도덕률이다.”

정신이 고픈 사람들에게 최고 치료약은 경외다.

070

강변칠우

퇴계가 아웃 서울을 실행한 동호대교 북단 두뭇개나루터에서 딱 40년 후인 1609년, 훤칠한 청년 일곱 명(칠우)이 서울을 떠나려고 나룻배에 오른다.

퇴계와 똑같은 경로로 한강을 거슬러 올라가던 칠우는 퇴계가 특강을 했던 여주에서 여정을 끝낸다. 임진왜란 때 불탄 신륵사 마당에서 하룻밤을 비박한 칠우는 다음 날 아침, 시내로 가서 칼국수를 한 그릇씩 먹었다.

과연 스승 허균이 도문대작에서 말한 대로 칼국수는 여주가 최고다. 치아 사이에 낀 고춧가루를 대충 정리한 후 인터넷으로 검색한 세종대왕 부동산으로 가서 문을 두드린다.

“저희는 죽림칠우라는 스터디 클럽 멤버들입니다. 오늘부터 여주에 정착하고 이름도 강변칠우로 바꾸려고 합니다. 그래서 강에 바짝 붙어 남'한강 조망권'이 확보되고, 나루터 근처라 유동 인구가 많은, 그럼에도 불구하고 싼 땅을 빌리려 합니다."

한강 조망권에 한 번, 많은 유동인구에 두 번 뻥튀기될 땅을 싸게 임대하겠다는 맹랑함과 백치미에 감동한 부동산 중개인은, 여주 전체를 샅샅이 뒤져 청년들이 요구하는 조건과 얼추 맞는 땅을 기어이 찾아낸다. 양화나루 옆 버려진 맹지다. 임대료는 거의 공짜 수준이었다.[1]

그런데 이 청년들, 아빠 직업들이 장난 아니다.[2]

서양갑 - 시장 아들

심우영 - 도지사 아들

박응서 - 국무총리 아들

박치의 - 법무부 차관 아들

이경준 - 사단장 아들

김경손 - 검찰총장 아들

허홍인 - 고위 관료 아들[3]

---

1 경기도 여주시 세종대왕면 내양리에 있었던 나루.

2 칠우 멤버들은 자료에 따라 약간 차이가 있다.

3 서양갑(서익. 의주목사), 심우영(심전. 승정원 부승지, 경기감사), 박응서(박순. 우의정,

2000년대 기준으로도 입시 성공 요소를 죄다 갖춘 아이들. 게다가 이 클럽 멘토는 잘나가던 시절 허균이었다.

공주목사 시절 허균은 심우영[4]을 데리고 있으면서 공부까지 가르쳤고 〈나의 벗 심군〉이란 글도 썼다. 서양갑에겐 '오늘날 영웅은 서양갑뿐'이라며 극찬하고 석선石仙이란 호를 지어줬다. 실록은 허균이 둘을 친히 길렀다고 말한다.

아빠 찬스에 스승 찬스까지 가능한 청년들이었다. 용이 되는 건 당연하고 청룡인지 백룡인지가 옵션인 젊은이들. 이괄과는 결이 다른 스펙이다.

이 청년들은 어떤 용이 되었을까?

좌의정, 영의정), 박치의(박충간. 형조참판), 이경준(이제신. 함경도 병마절도사), 김경손(김계휘. 사헌부 대사헌. 김계휘 적자, 즉 김경손의 배다른 형이 김장생), 허홍인 아버지는 기록이 없다.

4 심우영은 허균 전처 외삼촌이었지만 허균 제자이기도 했다.

의자 빼기 게임

후덜덜한 스펙을 갖추었고 능력도 출중했지만 신분이 청년들 발목을 잡았다. 강변칠우는 조선 후기 사회에선 절대 성공할 수 없는, 기회조차 없는 서얼, 즉 홍길동'들'이었다.

본부인[1] 자식 - 적자嫡子, 적녀嫡女
일반인[2] 첩의 자식 - 서자庶子, 서녀庶女
천민 첩의 자식 - 얼자孼子, 얼녀孼女

서자녀와 얼자녀를 합치면 서얼이다. 요즘으로 하면 대기업 정규직이나 공기업엔 원서조차 낼 수 없고, 평생 저임금

---

1 적처嫡妻.

2 양인良人.

비정규직이나 열악한 알바를 주업으로 삼아야 하는 처지다. 물론 아버지를 아버지라, 형을 형이라 부르지도 못한다.

고려와 조선 초에도 서얼은 있었지만 차별이 심하지 않았다. 그러다 1415년(태종 15년) 청와대 민정수석쯤 되는 서선이 과격하게 주장한다.

"서얼을 차별해야 합니다."

높은 자리엔 서얼을 배제해서 결과적으로 본부인과 첩을 명확히 구별하자는, 공식적인 서얼 차별 주장이다.

굳이 공식적이라 강조한 이유는 서얼 차별 시작점이 명쾌하게 정리되지 않았기 때문이다. 확실한 건, 서얼 차별이 기득권 입맛에 딱 맞았다. 서얼을 잘라내면 기득권자 수가 크게 줄어든다. 식탁 경쟁에서 밥그릇 수 늘리기가 힘드니 식탁 의자를 줄여버리는 신박한 정책이다.

한 번 서얼은 영원한 서얼인데, 영원 범위가 자자손손이라는 점에서 서얼 차별 제도는 악질이었다. 양반들이 거느린 첩들 때문에 서얼 숫자는 갈수록 불어났다. 조선 후기가 되면 사대부 중 20%가 서얼이라는 보고도 있다.

15세기 밥그릇 동맹은 16세기 이후 '철-밥그릇' 혈맹으로 진화해 많은 젊은이들 꿈을 깨버린다. 서얼 자손은 문과에 응시할 수 없었고 관직에 올라도 고위직은 불가능했다. 재혼 여성 아들도 과거 응시가 제한되었다.

국가 전체로는 손실이다. 인재[3] 풀이 줄어들고, 유일한 출세 수단을 박탈당한 서얼들이 불만 세력으로 성장할 수 있으니.

웃기는 건, 서얼 차별을 주장하던 이들이 종주국으로 떠받들던 중국에선 차별이 조선처럼 심하지 않았다. 서얼 자손들까지 차별하지는 않았다. 더 웃기는 건 공자도 서자였다.

철학자 지그문트 바우만Zygmunt Bauman이 지적한다.

"의자 뺏기 게임에서 의자는 항상 모자란다. 게임이 반복될 때마다 반드시 누군가는 탈락해야 한다. 그래서 모두가 탈락 공포에 시달린다."

옛날이야기만은 아닌 것 같다.

---

3 양반이 첩을 둔다는 건 경제 기반과 정치 기반을 다졌다는 의미다. 이때 선택한 양인 첩의 경우 외모나 교양이 정실부인 못지 않았다. DNA나 문화 자본에 있어서 정실부인 자식과 조건이 비슷했다.

072

적자만 기억하는 세상

1567년 서얼 1,600여 명이 막 즉위한 선조에게 자신들 억울함을 풀어달라고 하소연하자 선조가 반응한다.

"옥토에 심긴 해바라기뿐만 아니라 시궁창에 핀 해바라기도 해를 바라보듯이, 신하로서 내게 충성을 하겠다는 이가 꼭 적자뿐이겠느냐? 서자도 똑같느니라."[1]

립서비스였다. 달라지는 건 없었다. 임진왜란이 일어나자

1 선조宣祖께서는, '미자微子는 상왕商王의 서자였는데 공자孔子가 어진 사람이라고 칭찬하였고, 자사子思는 공자의 서손이었지만 도통道統을 스스로 전하였다. 해바라기가 해를 향할 때 곁가지라고 해서 가리지 않듯이 신하로서 충성을 원하는 사람이 어찌 꼭 본처의 아들뿐이겠는가?'고 하셨습니다.《고종실록》고종 11년(1874년 2월 15일).

인력 부족과 재정 파탄을 해소하기 위해 서얼들에게 대가를 받고 권리를 조금 허락하기도 했다. 하지만 전쟁이 끝나자 도로 제자리였다.[2] 서얼 구제에 무관심한 선조 본심은 실록 곳곳에서 드러난다.

"서얼에게 기회를 주지 않는 것이 우리나라의 엄한 법이다. 전쟁 때 공을 세운 천한 인생들이 과거를 보고 벼슬을 얻음으로써 조정을 더럽혔다. 전쟁도 끝났으니 이제부터 서얼들이 공을 세우면 하급 관직을 주거나 그냥 상품으로 때워라."[3]

선조를 비롯한 기득권 동맹이 공유하는 마인드였다. 오죽하면 실록을 기록하는 사신史臣마저 탄식했을까.

"급할 땐 온갖 약속으로 백성들을 꼬드겨 부려 먹고 일이 끝나면 입을 싹 닦는다. 이러고도 나라가 망하지 않은 것이

2 서얼들은 임진왜란 중에 곡식을 나라에 바치거나 전쟁에서 공을 세우면 문과 응시 자격을 취득할 수 있었다.

3 서얼을 허통시키지 않는 것이 우리나라의 극히 엄격한 법이다. 그런데 난리로 인해 법을 훼손하여 천인 소생이 과거에 올라 벼슬길에 나감으로써 조반朝班을 더럽히게 했으니, 이것이 어찌 조종祖宗의 법이겠는가. 유사有司는 법을 지키기만 하면 그만인데 이런 계사啓辭를 한 본의를 알 수 없다. 그들에게 금군禁軍을 시키거나 물품으로 상을 주는 것이 좋을 것이다. 《선조실록》 선조 34년(1601년 2월 14일).

기적이다."[4]

조선 왕실에서도 적자와 서자 구별이 있었다. 왕비가 낳은 아들과 딸은 대군大君과 공주公主, 후궁이 낳은 아들과 딸은 군君과 옹주翁主로 호칭부터 달랐다. 적자 내에서도 장남인 적자를 적장자嫡長子라 높였다. 적장자가 왕위를 계승해야 정통성에 문제가 없었다.

조선 왕조 500년간 27명이 왕위에 올랐다. 이 중 적장자는 7명뿐이다. 적장손까지 합쳐도 10명이다. 선조는 적장자도 아니고 적장손도 아니었다.

선조는 중종 서자였던 덕흥군의 아들, 그것도 셋째 아들이었다.

4 면천, 면역의 영令이 백성들에게 불신을 받은 지 오래되었다. 신의를 잃는 일은 상앙商鞅도 하지 않던 일인데 지금의 조정은 감사, 수령과 함께 차마 하고 있으니 국가가 지금까지 보전된 것이 다행이다. 조정에서는 일이 급하면 호령을 내어 백성을 꾀고, 꾀고 나서는 감사와 수령이 고을에 원역員役이 없다고 핑계 대며 강제로 부리니, 백성들이 국가에 속은 것이 적지 않다. 통탄스럽기 그지없다. 《선조실록》 선조 36년(1603년 3월 19일).

073

못난 아빠

자녀를 가장 많이 낳은 조선 왕은 누굴까?

1위: 태종(1367-1422) 12남 17녀, 부인 12명

2위: 성종(1457-1494) 16남 12녀, 부인 12명

3위: 선조(1552-1608) 14남 11녀, 부인 10명

선조는 부인 10명(왕비 2명 포함)에게서 자녀 25명을 낳았다. 어릴 때 죽은 자녀를 포함하면 선조가 35명으로 랭킹 1위에 오를 수도 있다. 선조가 낳은 14남 11녀는 잘 컸을까?

순화군은 선조가 여섯 번째 낳은 아들이다. 임진왜란 끝물인 1597년 황해도 신계에 머물 때 주민들을 폭행하고 고문해 죄다 마을을 버리고 도망가게 만들었다. 17세 때 일이다.

아비는 모른 체했다.[1]

어릴 때부터 새와 짐승을 잔인하게 학대해서 아버지가 보기에도 천성이 악했던[2] 순화군은 19세 때 첫 살인을 한다. 무고한 사람을 때려 죽였지만 유족은 후환이 두려워 감히 고소할 수 없었고 관리들은 입을 다물었다.

아비는 역시 모른 체했다.[3]

순화군은 선조 왕비인 의인왕후가 죽어 국가 장례식이 벌어지는 와중에 빈소 옆 여막廬幕에서 생모 시녀를 강간했다.[4] 요즘엔 법이 말랑하고 판사들도 인자해 강간범 상당수가 집행유예로 풀려나지만 당시 법은 달랐다.

- **강간범은 사형**[5]

---

1 《선조실록》 선조 30년(1597년 11월 8일).

2 《선조실록》 선조 34년(1601년 2월 10일).

3 《선조실록》 선조 32년(1599년 3월 25일).

4 《선조실록》 선조 33년(1600년 7월 16일). 여막은 상주가 무덤이나 빈소를 지키기 위해 무덤 옆에 지어놓고 지내는 초가집이다.

5 《선조실록》 선조 33년(1600년 7월 20일). 대명률은 모든 강간범을 목매달아 죽이라고 명한다. 어지간하면 강간범을 집행유예로 풀어주는 요즘과 비교하면 어느 쪽이 더 야만스러울까?

- **부모 장례식 중 강간한 자는 평상보다 세게 처벌**
- **빈소 옆 여막에서 벌어진 강간 범죄는 가중 처벌**

하지만 유배로 퉁쳤다. 뱃길 4시간 외딴섬도 아니고 서울 코 밑 수원이 유배지다. 선조 변명이 우습다.

“아이가 사고 치면 바로 소식을 들을 수 있도록 가까운 곳에 유배하라.”[6]

유배지 수원에서도 순화군은 초심을 잃지 않고 초지일관初志一貫, 백성을 죽였다. 아비 역시 일관성 있다.

“관리를 소홀히 한 관리들 탓이다.”[7]

아비가 펼쳐준 보호막에 기세 오른 순화군은 칼을 뽑아 “네 혈관에는 피가 흐르지 않니”라며 수원부사를 협박했고, 종이에 머리만 그린 후 ‘수원부사 잘린 머리통’이라며 조롱했다.[8] 음식이 변변찮다고 담당 노비 집을 손수 불태웠으며[9]

---

6 《선조실록》 선조 33년(1600년 7월 21일).

7 《선조실록》 선조 33년(1600년 10월 8일).

8 《선조실록》 선조 34년(1601년 1월 8일).

9 《선조실록》 선조 34년(1601년 2월 1일).

쇠뭉치로 여성을 때려 살해했다.[10] 보다 못한 사간원[11]이 처벌을 요구하자 선조는 요즘에도 간간이 들리는 말을 한다.

"왕자를 감옥에 보내면 국격이 손상된다. 그래서 불허."[12]

사헌부에서 다시 아뢴다.

"살인죄는 해당하는 벌이 있는데 술 먹었다고 봐주고, 반성문 냈다고 깎아주고, 심신미약이라고 풀어주면 공의가 서겠습니까? 윗사람이 법을 어기는데 어떻게 백성들 위법을 지적할 수 있겠습니까? 이게 정말 나라입니까?"

그래도 꿈쩍 않는 아비, 이런 자가 왕이었다.[13]

순화군 감금지를 서울 남대문 근처로 옮겼지만 행패는 여전했고 매년 무고한 백성 10명씩을 꼬박꼬박 죽였다. 그래도 아비는 이렇게 말했다.

---

10 《선조실록》 선조 34년(1601년 2월 23일).
11 왕에게 충고는 물론 쓴소리도 담당했던 기관.
12 《선조실록》 선조 34년(1601년 2월 25일).
13 《선조실록》 선조 34년(1601년 2월 28일).

“친구들을 잘못 만나 그렇다. 친구들 꾐에 넘어갔다.”[14]

1604년 5월 25일 순화군은 길에서 마주친 건장한 남성 몇 명을 피한 뒤, 두 여인을 참혹하게 살해한다. ‘강남역 여성 혐오 살인’ 조선 시대 버전이다.[15] 아비 반응이야 뻔할 테지만 그래도 사헌부가 임무를 다한다.

“순화군이 묻지마 살인을 저지르고 있습니다. 국가 법체계는 무너졌습니다. 애처로운 백성들은 무슨 죄인가요?”[16]

중풍으로 행동력이 무뎌지자 순화군은 하인을 시켜 악행을 이어간다. 순화군 악행은 알 수 없는 이유로 그가 사망한 1607년에야 끝이 난다.

순화군‘들’이 활보하는 사회는 1607년 이후 사라졌을까?

---

14 《선조실록》 선조 36년(1603년 10월 2일).

15 2016년 5월 17일 30대 남성이 20대 여성을 아무 이유 없이 죽였다. 《강남역 10번 출구, 1004개의 포스트잇》(나무연필, 2016)’를 읽어보시길.

16 《선조실록》 선조 37년(1604년 6월 29일).

074

판사 고요

사이다 판결로 고대 중국인들 막힌 속을 뻥뻥 뚫어주던 판사 고요皐陶. 그에게는 신묘한 도구가 있었다. 피고가 죄인인지 아닌지 아리송할 땐 기르던 해태(해치)를 출동시켰다.

해태는 피고가 무죄면 가만히 있고, 유죄면 피고를 들이받았다.[1] 고요를 판사로 임명한 사람은 순임금이었다. 임명장을 주면서 한 말이다.

"형벌은 누구에게나 공정해야 사람들에게 신뢰를 받을 수

1 해태는 시시비비를 가려주는 정의의 상징이자 불기운을 막는 상서로운 동물로 인식되었다. 그래서 옛 건물, 특히 불교 사찰에 해태를 조각하는 경우가 많았다. 1774년 건축한 구례 천은사 극락보전(보물 제2024호) 내부 삼존불 뒤 기둥에 두 마리 동물이 있는데 그중 하나가 해태와 수달이다. 둘 다 화재를 방지하려는 옛사람들 사고체계에서 나온 예술품이다.

있습니다."

이 스토리를 읽고 도응이 스승 맹자에게 묻는다.[2]

도응: 순임금 아버지인 고수가 살인을 저지르면 고요는 어떤 판결을 내릴까요?

맹자: 당연히 법대로 판결하겠지. 아마 사형?

도응: 순임금이 가만있을까요? 대법원장을 통해 재판 거래를 하거나, 검사들을 압박해 조사나 기소를 질질 끌지 않을까요? 사람들이 다 잊을 때까지.

맹자: 그런 미개한 일이 설마 일어나겠니?

도응: 그럼 순임금은 어떻게 처신해야 하나요?

맹자: 나라가 우선이면 아버지가 사형당하는 걸 지켜봐야지 뭐. 가족이 우선이라면 아버지와 같이 도망가 아무도 없는 곳에서 살던가.

임금 아버지도 저렇게 단죄하는데 하물며 왕자야, 라고 실록은 아들을 감싸는 선조를 꾸짖는다.[3]

---

2 《맹자》.

3 《선조실록》 선조 34년(1601년 2월 28일).
《선조실록》 선조 37년(1604년 10월 10일).

075

정약용

도응이 맹자에게 한 질문은 '어떻게 말해도 궁지에 몰리는' 딜레마였다.

- **순임금이 아버지를 선택하면 → 법과 정의에 위배**
- **순임금이 정의를 선택하면 → 효도와 인륜에 위배**

그래서 지금까지도 논의되는 철학 난제고, 맹자가 한 대답은 해결책 중 하나였다. 정약용은 맹자가 엉터리라고 단언하고 다른 솔루션을 제시했다.

- **법치의 예외를 인정해서 임금 아버지를 용서하자.**

정약용은 법이 적용되지 않는 범위를 규정했다.

- 노약자
- 실수로 살인한 자
- 정의를 위한 복수
- 정신이 온전하지 못한 자

여기까지는 요즘과 비슷한데, 정약용은 더 나간다.

- 고위관료
- 왕실, 왕실의 가까운 종친

엥, 정약용이 저런 주장을?

정약용은 임금 마누라, 임금 처남, 임금 장모, 장관 부인, 지방 권력자 등 특권 방탄복이 난무하던 시대를 살았다. 그래서 특권층을 아주 좁게 규정해서 방탄복 수를 줄이고, 나머지 특권층은 엄격한 법으로 다루자고 주장했다.

- 맹자: 1% 예외 없이 특권층도 법으로 처벌
- 정약용: 1% 예외를 인정하고 나머지는 처벌

머리로는 맹자가 맞지만 돌아가는 꼴을 보면 우리 사회엔 정약용이 맞을 수도 있다는 생각이 든다.

076

정발

1592년 4월 13일 오후, 고니시 유키나가小西行長가 이끄는 일본군 1진 2만 명이 부산에 상륙해 임진왜란이 발발한다. 700명쯤 되는 병사들을 통솔해 부산진성을 지키던 책임자는 첨사 정발이었다. 실록이 그날을 기록했다.

부산 첨사 정발은 절영도絶影島(영도)에 사냥하러 갔다가 급히 돌아와 성에 들어갔다. 적 손에 들어갈까 봐 전선戰船에 구멍을 뚫어 가라앉히고, 군사와 백성들을 모두 거느리고 성을 지켰다. 이튿날 새벽 적들이 성을 백겹으로 에워싸고 서쪽 성 밖 높은 곳에 올라가 대포를 비처럼 쏘아댔다. 정발이 한참 동안 대항하여 싸웠는데 화살에 맞아 죽는 왜군들이 매우 많았다. 하지만 화살이 다 떨어졌고 정발이 적 탄환에 맞아 전사하자 성이 마침내 함

락되었다.[1]

몇 달 전부터 일본 낌새가 수상했는데 한가하게 사냥이나 다녔나며 인상 찌푸릴 대목이지만 오해다. 군인들에게 사냥은 전투 훈련 중 하나였다. 사냥을 통해 지형이나 거리 등 전투에 필요한 판단력을 키웠고 사냥에서 터득한 기술, 인내, 협동은 전투에 응용할 수 있었다. 칭기즈 칸이 세운 몽골 제국에서 상식처럼 떠돌던 말이다.

"상대를 죽이고, 죽인 것의 수를 세고, 살아남은 것은 풀어준다는 점에서 사냥과 전투는 똑같다."

게다가 정발은 전투에서 죽을 제 운명을 직감하고, 부산으로 내려와 하룻밤을 같이 보낸 열네 살짜리 아들 흔昕을 서울 본가에 돌려보내기도 했다.

"부자가 함께 죽을 필요는 없다. 가서 내 어머니와 네 어머니를 모셔라."

정약용이 쓴 《목민심서》가 정발의 캐릭터를 확실하게 알려

1 《선조수정실록》 선조 25년(1592년 4월 14일).

준다. 줄이면 이렇다.

제가 벼슬에 오른 것은 부모님을 부양하기 위해서입니다.
그런데 벼슬에 오른 자는 나라를 위해 목숨 바쳐야 합니다.
나라를 위해 목숨 바치면 부모님을 부양할 수 없습니다.

충忠과 효孝가 엇갈리는 딜레마 속에서 정발은 충을 택했다.

"어머니, 이번에 제가 부산절제사로 발령받았습니다. 왜놈들 조짐을 보건대 부산이 아마 제 무덤이 될 것 같습니다."

그렇게 정발과 어머니는 울며 헤어졌다. 이승에서 마지막이었다.

일본의 평가는 실록보다 후하다. 일본 장수 마쓰라 시게노부松浦鎮信는 '부산진 전투에서 좌절했다'라고 증언했다. 쉽게 부산진을 접수할 것으로 예측했는데 저항이 충격적일 정도로 심했다는 말이다.

077

길 좀 비켜줘

4월 14일 새벽, 일본군이 부산진성을 기어오른다. 정발 장군과 700여 정규군, 성 안으로 대피한 백성들이 맞서 싸웠지만 조총을 앞세운 일본군이 이겼다.

부산진을 집어삼킨 일본군은 동래성으로 향한다. 지금은 동래가 부산시에 속한 일개 구區에 불과하지만 당시 동래는 요즘 부산시에서 기장군과 낙동강 서쪽 김해공항 인근을 제외한 지역이었다. 말하자면 당시엔 동래가 부산이었다.[1]

부산진성 전투에서 조선 사람들 파이팅에 적잖이 놀란 고니시는 동래성에 도착한 후 남문 앞에 판자를 세운다.

1 동래성 동문은 동래고등학교 인근, 남문은 동래경찰서 부근에 있었다.

戰則戰전즉전

不戰부전

假我道가아도

우리와 싸우려면 지금 싸우자.

싸우지 않으려면

좀 지나가자. 플리즈.

동래부사 송상현이 코웃음 치며 댓글을 단다.

死易사이

假道難가도난

죽기는 쉬워도

길을 내주는 것은 힘들다. 언더스탠?

살짝 길만 빌려달라는 고니시의 제안, 2,000년 전 스토리를 인용했다.

078

가도멸괵

춘추전국시대인 B.C.655년경 진나라는 괵나라를 공격하려 했다. 곽이 아니라 괵이다. 진과 괵 사이에 우나라가 있어서 우나라 협조가 필요했다.

假道滅虢 가도멸괵

우나라를 가로질러 괵나라를 공격할 것이니 우나라는 길만 빌려달라고 진나라 진헌공이 제안한다. 우나라 대부 궁지기가 브레이크를 건다.

"길을 빌려줘 진나라가 괵나라를 접수했다고 칩시다. 너희들이 길을 터줘서 괵을 칠 수 있었어. 정말 고마워, 라고 할 턱이 없습니다. 괵이 무너지면 그 다음은 우리 차례입니다.

순망치한脣亡齒寒이니 보거상의輔車相依니 이런 속담들이 왜 있겠습니까?[1] 괵나라와 우리 우나라가 바로 이런 관계입니다. 괵이 망하면 우리도 망합니다."

하지만 우나라 우공, 반박한다.

"진나라는 우리와 같은 종족인데 설마 그러겠소?"

궁지기가 발끈한다.

"진나라 진헌공은 자기 친척들까지 죽인 적 있습니다."

진나라 스파이로부터 디올 백까지 선물 받은 우공, 설득이 될 리 없다. 오히려 우공은 논지論旨[2]를 돌린다.

"내가 제주산 흑돼지와 유기농 채소만 제사상에 올리니 신께서 반드시 나를 보호할 것이오."

궁지기가 반박한다.

---

1 입술이 없으면 이가 시림. 볼과 잇몸이 서로 의지함.

2 논하는 말이나 글의 취지.

"귀신은 오직 덕 있는 사람의 제물만 맛있게 먹, 아니 흠향歆饗합니다.[3] 우공뿐만 아니라 진헌공 역시 덕행이 많다면 진헌공 제물을 우나라 신들이 받지 않을 이유가 없습니다. 귀신에게는 국적이 없습니다."

무속에 심취한 군주에게는 이성과 논리가 통하지 않는다. 우공, 기어코 진나라 사자에게 오케이 사인을 내린다.

궁지기는 포장이사를 불러 집을 깔끔히 비운다. 도시가스를 비롯한 각종 공과금을 모두 이사 정산한 후, 가족과 함께 총총총 우나라를 떠났다.

과연 그랬다. 우나라를 통과해 괵나라를 집어삼킨 진나라는 회군하는 길에 우나라까지 먹어버린다. 평소 우공에게서 제물을 받아먹던 우나라 귀신들은?

진나라 진헌공이 제주산 흑돼지에 천연기념물인 제주 흑우, 거기에 한라산 표고버섯까지 한 다발 올리자 바로 변절했다. 《춘추좌전》에 나오는 스토리다.

---

3 《서경》.

079

송상현

가도멸괵 스토리는 《사기》와 《천자문》에 등장한다. 고니시는 이들 어딘가에서 가도멸괵 스토리를 읽었고 조선에서 활용한 것으로 보인다.

송상현 역시 가도멸괵 이야기를 몰랐을 리 없다. 가도멸괵 결말을 뻔히 아는 송상현이 길을 열어줄 리 역시 없다. 그러자 고니시는 공격을 시작했고, 해가 지기도 전에 성을 함락한다.

송상현, 조복朝服[1]을 단정히 차려입고 의자에 앉는다. 유언 같은 시를 부채에 적어 남긴다.

1 예복.

외로운 성은 적에게 둘러싸였는데

인근 성 구원병들은 기척도 없네.

군신君臣 의리는 무겁고

부자父子 은혜는 가벼워라.

아버지께 남긴 유언이다. 부모보다 먼저 죽는 것은 대단한 불효다. 항복하면 한 목숨 부지해 불효를 면할 수 있다. 하지만 그건 임금에 대한 불충이다.

To be or not to be?

죽느냐 사느냐? 불효냐 불충이냐?

유교에서 충은 효의 확장판이다. 본질은 같은데 효보다 더 높은 가치가 충이다. 효보다는 충을 택해야 했고, 불효와 불충 갈림길에선 불효를 선택해야 했다. 당시에는 그랬다.

동래성이 함락되고 송상현이 죽으면서 일본군은 파죽지세다. 불과 10일 만인 4월 25일 경상북도 상주까지 진격한다. 4월 18일 조선에 넘어온 일본군 후발대 역시 속속 북으로 향한다.

080

세자 광해군

임진왜란 한 해 전인 1591년 일이다. 좌의정 정철이 선조에게, 광해군을 세자로 뽑으라고 건의했다가 한 방에 직위해제 당하고 유배까지 떠난다.[1]

당시까지 선조에겐 적자가 없고 서자만 8명 있었다. 선조가 40세에 불과했으므로 언제라도 적자가 태어날 수 있었고, 그 아이가 세자 될 가능성이 높았다.

기대주 신립마저 1592년 4월 28일 충주 방어에 실패하자,

1 1589년(선조 22년) 정여립의 난 때 서인 정철은 옥사를 주도하면서 동인 정예 1,000여 명을 숙청한다. '기축옥사'다. 세자 책봉을 둘러싼 '건저의' 사건은 동인들 반격이었다. 서인은 몰락하고 서인 보스 정철 처리 문제를 두고 동인은 남인과 북인으로 갈린다. 나중에 북인은 광해군을 지지하는 대북과 반대하는 소북으로 갈린다.

즉 서울을 방어하는 마지막 거점이 무너지자 도성 안 백성들이 서울을 버리고 도망간다. 선조 역시 대신들 반대에도 불구하고 도망갈 궁리를 시작했다. 이 와중에 우승지 신잡(신립 형)은 왕에게 세자를 책봉하라 건의했고 이번엔 선조도 '어쩔 수 없이' 허락한다.[2]

세자 후보 명단이다.

1남 임해군 (1572~1609, 공빈 김씨 아들)

2남 광해군 (1575~1641, 공빈 김씨 아들)

3남 의안군 (1577~1588, 인빈 김씨 아들)

4남 신성군 (1578~1592, 인빈 김씨 아들)

5남 정원군 (1580~1619, 인빈 김씨 아들)

6남 순화군 (1580~1607, 순빈 김씨 아들)

7남 인성군 (1588~1628, 정빈 민씨 아들)

8남 의창군 (1589~1645, 인빈 김씨 아들)

9~14남 임진왜란 이후 출생

일단 7남과 8남은 나이 어려 탈락. 5남 정원군과 6남 순화

---

2 수찬 박동현은 아뢰기를, "전하께서 일단 도성을 나가시면 인심은 보장할 수 없습니다. 전하의 연輦을 멘 인부도 길 모퉁이에 연을 버려둔 채 달아날 것입니다." 하면서, 목놓아 통곡하니 상이 얼굴빛이 변하여 내전으로 들어갔다.《선조실록》 선조 25년(1592년 4월 28일).

군은 아직 악해지기 전이지만 대신들 선견지명으로 제외되었다. 1남 임해군도 본격적으로 악해지기 전이지만 난폭한 성격이 드러나 탈락.[3] 3남 의안군은 이미 사망했다.

남은 건 2남 광해군과 4남 신성군뿐이다. 선조는 18세 광해군을 세자로 지명했고 신하들도 동의한다. 4월 29일 왜군을 피해 한양을 떠나기 하루 전 일이다.

한양을 떠난 후 선조는 여차하면 압록강 넘어 명나라 땅인 요동으로 망명하려 했다. 그래서 분조分朝, 즉 조정을 둘로 나눠 한 덩이를 광해군에게 떼줬다. 왕에게만 있는 인사권과 상벌권까지 부여했다. 그리고 명령한다.

"나 대신 잘해봐."

3 임해군과 정원군이 순화군보다 더 악했다. 정원군은 인조 아버지다. 인조 이후 모든 왕은 정원군 직계 후손들이다.《선조실록》선조 40년(1607년 3월 18일).

081

개무시

10대 후반 아들은 아버지 사랑을 받기 위해, 아버지가 시킨 대로 영혼까지 끌어모아 최선을 다했다.

고귀한 신분이었지만 노숙 생활은 기본이었다.
함경도, 평안도, 황해도, 강원도를 돌며 백성들을 달랬다.
의병과 군량미를 모았다.
방황하던 사대부들을 모아 분조 사이즈를 키웠다.
조정 명령이 전국 백성들에게 전달되도록 했다.[1]

---

1 광해군 분조를 수행했던 유대조가 올린 상소문을 요약했다. 《광해군일기》 광해 2년(1610년 7월 15일). 《광해군일기》 중초본에는 있지만 정초본에는 삭제된 내용이다. 인조반정 후 광해군을 깎아내리기 위해 뺀 것으로 보인다. 실록은 초벌 원고인 초초본, 수정본인 중초본, 초서로 휘갈겨 쓴 중초본을 깨끗하게 쓴 정초본, 정초본을 활자로 인쇄한 실록으로 구성된다. 실록이 완성되면 초초본, 중초본, 정초본은 물로 씻어 종이를

광해군 리더십 덕분에 조선은 체계적으로 항전할 수 있게 되었다. 광해군 영끌 성공.

광해군 업적은 해와 별처럼 밝아서 모르는 이가 없다.
조선 중흥 기틀을 이루었다.[2]

왕세자 자리에 '얼떨결에 오른' 광해군은 제 힘과 노력으로 '얼떨결'을 제거했고, 왕위 계승 가능성은 상한가를 쳤다.

중국이 깽판을 친다. 1593년 2월, 권율 장군이 행주산성에서 왜군을 크게 무찌른다. 이후 왜군은 부산 인근으로 후퇴하고 선조와 광해군은 서울로 컴백한다. 1595년 3월 27일, 명나라 황제 칙서勅書가 모화관[3]에 도착한다. 선조는 단단히 예의를 갖추고 세자와 대신들을 통솔해 모화관으로 갔다. 그런데 이런, 칙서 수신자가 광해군이다.

재활용했다. 《광해군일기》는 전쟁과 재정 부족 이유로 활자 인쇄본을 만들지 못했다. 대신 중초본이 남아 있는 유일한 실록이다. 중초본은 태백산 사고, 정초본 두 벌은 정족산과 적상산 사고에 보관되었다.

2 《광해군일기》 광해 2년(1610년 7월 15일).

3 독립문 근처에 있었다. 칙서는 황제나 임금이 아랫사람에게 훈계하거나 알릴 일을 적은 문서다.

내용은 더 충격이다. 명나라 황제가 (선조가 아니라) 광해군에게 명령한다. '실패한' 네 아버지와 달리 너는 영특하니, 네가 책임지고 전라도와 경상도 군사 관련 업무를 담당하라.[4]

이런 걸 '개'무시라 한다. 신하들 앞에서, 아들 앞에서 실패한 인생이라 규정당한 선조. 감당할 수 없는 부끄러움은 분노로 변해 죄 없는 아들에게 향한다.

중국 깽판은 계속된다. 조선은 광해군을 왕세자로 승인해 달라고 줄기차게 요청하는데 명나라 반응은 한결같다.

"첩의 자식은 안 됨."

명나라 신종 황제는 장자인 임해군을 세자로 올리고 광해군은 분수를 지키라는 칙서를 보내기까지 했다. 외교 관례와 전례를 벗어난 몽니다. 선조를 까기 위해 광해군을 칭찬하더니 이젠 광해군을 길들이기 위해 승인을 미룬다.

그러는 와중인 1600년 6월 말, 선조 왕비 의인왕후가 46세로 사망한다.

---

4 《선조실록》 선조 28년(1595년 3월 27일).

082

권필

의인왕후는 반드시 아들을 낳아 왕통을 계승해야 했지만 못했다. 아들을 낳지 못해 우울증과 시기심으로 후궁들을 미워할 수도 있었다. 그럼에도 후궁 자식들을 두루 잘 보살펴 '살아 있는 관음보살'이란 닉네임을 얻었다. 두 살 때 엄마 잃은 광해군을 친아들처럼 품어 키웠다. 천재 시인 권필이 만사輓詞[1]를 지어 명복을 빈다.

홀연히 별 수레를 타고 선계仙界로 올라가셨네.

외로운 신하가 흘리는 한없는 눈물을

가을 하늘 향해 뿌려보노라.

1 죽은 이를 슬퍼하며 지은 글.

이듬해인 1601년 권필은 베프 구용을 33세에 떠나보낸다. 병으로 죽은 친구를 경기도 양평에 묻고, 다음 날 무덤을 떠나면서 지은 시다.

이승과 저승이 이어져도 다시 만날 수 없으니
꿈속에 그댈 보았지만 진짜는 아닐터.
눈물 감추며 그대와 걸었던 옛 시간을 회상하는데
꾀꼬리만 울면서 외로운 나를 보내주는 새벽.

허균은 이 시를 높이 평가하고 자신이 편찬한 《국조시산國朝詩刪》에 수록했다. 선조 역시 감탄하며 말했다.

"얼마나 친했기에 시어에서 슬픔이 흐르는 것이냐?"

타고난 재능에 심지가 굳고 외모마저 수려했던 권필은 10대 때부터 고향 마포를 넘어 서울 전역에서 셀럽으로 유명했다. 남산 밑에 살던 절친 이안눌[2] 집에서 공부를 하고 돌아오는 날이면 그를 흠모하는 소녀들이 줄지어 오빠를 외칠 정도였다.

---

2 권필(1569-1612), 이안눌(1571-1637).

그랬던 그가 변한다. 과거 공부를 끊고 술과 시로 시간을 채운다. 20대 초반 목격한 기축옥사[3]를 보며 인생관이 변했다. 동시대를 지구 반대쪽에서 살았던 데카르트[4] 말이다.

"편히 살려면 남 눈에 띄지 말아야 한다."

데카르트 말을 따라 권필은 산과 바다 유랑하며 시와 술로 세상을 부유했다. 선조에게 재능을 인정받아 하급 관직에 여러 번 임명되지만 결국엔 박차고 나갔다. 강화도로 낙향해 시를 통해 세상에 개입했는데 팬이 많았다.

그만큼 적도 많이 만들었다.[5]

---

3 202쪽 1번 각주 참고.

4 1596-1650.

5 《광해군일기 중초본》 광해 4년(1612년 4월 2일).

083

눈칫밥 17년

1993년 6월 7일, 삼성그룹 이건희 회장은 독일 프랑크푸르트에서 임원 200여 명을 모아놓고 '신경영'을 선언한다.

"마누라와 자식 빼고 다 바꾸라."

이 발언을 시점으로 삼성은 한국 울타리를 벗어나 다국적 기업으로 성장했다고 볼 수 있다. 농담이겠지만 당시 경영진은 마누라만 바꾸고 싶어 했다는 말이 전설처럼 전해온다.

부부란 같은 기억으로 삶을 채워가는 사람들.

상대가 아플 때 내가 더 아프다.

상대가 죽으면 내 삶도 같이 죽는다.

선조는 달랐나 보다. 떠나간 부인과 함께했던 기억마저 먼지인 듯 날려버렸다. 1602년 4월, 신하들이 '또 다시' 명나라에 사신을 보내 광해군 세자 승인을 요청하자고 하자 버럭 화를 낸다.

"당신들은 내 재혼에는 관심이 없소? 왜 세자 얘기만 하오?"[1]

적자를 낳겠다는 강력한 의지다. 1602년 51세가 된 선조는 새 왕비(인목왕후)를 맞아들이는데 자신보다 서른두 살이나 어린 열아홉 살이다. 광해군보다 아홉 살이 어렸다. 젊다 보니 적자를 낳을 가능성도 크고 많다.[2] 광해군은 얼마나 불안했을까?

1606년 인목왕후는 기어코 아들, 영창대군을 낳는다.[3] 종

---

1 《선조실록》 선조 35년(1602년 4월 22일).

2 광해군 장인 유자신이 중전을 낙태시키기 위해 대궐에 돌을 던지고 유언비어도 퍼트리는 등 스트레스 지수를 올리는 공작을 펼쳤다고《계축일기》에 나오지만 한쪽 이야기라 확실하지는 않다.

3 영창대군이 탄생하자 북인은 광해군을 지지하는 대북과 영창대군을 지지하는 소북으로 갈라진다. 대북의 보스는 정인홍, 소북의 보스는 유영경이었다. 선조는 유영경을 영의정에 세움으로써 영창대군을 지지한다는 강력한 메시지를 보낸다. 조선 임금 27명 중 적장자로 왕위에 오른

법상 왕위 계승 서열 1위가 탄생했다. 어쩌면 이무기로 끝날 수도 있는 세자 광해군, 얼마나 불안했을까?

- 중국은 나를 세자로 인정할 수 없다고 한다.
- 아버지는 나를 미워한다.
- 영창군이 태어났으니 세자에서 밀려날 수도 있다.

아버지 선조는 갓난쟁이 동생에게 '하늘에서 타고난 것이 특히 두텁다'며 칭찬을 늘어놓았지만[4] 광해군을 향해서는 '어리석고 용렬하고 나라를 이끌 재목으로 보이지 않는다'라고 했다.

그렇게 광해군은 17년간 눈칫밥을 먹어야 했다.

이는 문종, 단종, 연산군, 인종, 현종, 숙종, 순종으로 총 7명이다.

4 영창대군 묘지명.

084

힐링 전도사

광해군처럼 눈칫밥 인생들, 강변칠우는 모일 때마다 희망 회로를 돌린다.

“서자 광해군이 왕위에 오르면 우리 서얼들 아픔도 달래줄 것이다.”
“그렇게 되면 말단 관리, 그것도 단기 계약직은 끝.”
“더 높은 관직도 가능하겠지.”

하지만 좋은 소식은 좀처럼 들리지 않는다. 그러는 중에 누구는 결혼을 했고 누구는 자식을 낳았다. 마음들이 조급해진다. 걱정이 두꺼워지니 갱년기 우울감이 수십 년을 앞당겨 온다. 나쁜 감정은 독한 바이러스처럼 칠우 전체를 타격했다. 똑똑한 칠우, 힐링이 필요함을 깨닫는다.

수영을 글자로 터득하고 연애도 책으로 배우는 책상물림들답게, 동네 책방으로 달려가 가장 많이 팔리는 힐링 도서 7권을 구입한 후 인근 카페에 자리를 잡았다. 각자 한 권씩 맡아 텍스트를 낱낱이 분석하니 결론은, 제기랄이다.

젊어 고생은 사서도 해.
너희 나이 때는 원래 그래.
아파야 젊음이지.
힘들었지? 잠시 쉬고 다시 도전해봐.
노력은 사람을 배신하지 않아.

힐링 전도사들 주장은 결국 한 점에서 만난다.

"네가 문제야!"
"노력도, 고생도, 도전도 하지 않는 네 책임이야."

똑똑한 칠우들, 한 목소리로 말한다.

"ㅅㅂ 왜 자꾸 나 때문이래?"

085

옥탑방에서 꿈꾸면

바로 그때 들려오는 속보, 선조가 죽었다. 제아무리 허준[1]이라도 하늘이 부여한 선조 수명을 붙잡을 순 없었다. 죽은 사람에겐 미안하지만 칠우에겐 최고 힐링이다.

"서자가 왕이 되었으니 우리에게도 기회가 열릴 것이다."
"우리 능력이면 삼정승도 충분하지."
"어쩌면 이번이 처음이자 마지막 기회일 거야."
"임금이 우리를 쓰실 수 있도록 우리가 준비되어야 할 듯."
"자기계발이다."

1 1539-1615. 임진왜란 때 피난하는 선조를 수행했고 세자이던 광해군의 천연두를 치료했다. 선조 사망 당시 내의원 최고 책임자였다.

다 큰 청년들이 실없이 몰려다닌다는 구설口舌[2]을 피하기 위해 모임 이름도 '죽림칠우'라 정했다. 시간 여유만 있었으면 근사한 이름을 지었을 텐데, 머리 쓸 일 많고 바쁘기도 해 죽림칠현[3]을 카피했다. 어쨌든 칠우는 힐링 서적 때 실수를 반복하지 않으려고 자기계발서 선택은 3단계 필터를 돌렸다.

- **1단계: 최고 재산 소유자**
- **2단계: 최고 학벌 소유자**

스스로들도 속물스러웠다고 느꼈는지 마지막 필터는 인문학 전공자로 정했다. 그래서 탄생한 현실감 1도 없는 캐릭터.

- **최고 학부에서, 인문학을 전공한, 슈퍼 리치**

칠우 스스로도 이런 인물이 있겠어, 라며 인터넷을 뒤졌는데 진짜 있다. 백두산에서 한라산까지 조선 유통업계를 접수한 인물. 게다가 최고 학부에서 인문학을 전공했다.

---

2 헐뜯거나 수군거리는 말.

3 중국 위나라와 진나라 정권 교체기, 정치 실세들 하는 짓이 꼴사나워 죽림竹林(대나무 숲)에 모여 살며 술과 음악으로 세월을 보냈던 선비 7명을 말한다. 어떻게 보면 소극적 저항이다.

그를 찾아가 사정을 설명하고 맞춤 특강을 부탁하려 했으나 만남은커녕 경비실 통과도 불가능하다. 망연자실 축 늘어진 청년들이 눈에 밟혔는지 아버지뻘 됨직한 경비원 한 명이 슬며시 다가와 책 하나를 '쓱' 건넨다.

"우리 대표님이 인문학 멘토로 여기시는 분이 쓴 책입니다. 백만 부쯤 팔렸다네요."

하늘은 우리 편, 이라며 좋아라 받아 든 책. 필명이겠지만 저자 이름도 책 제목도 신박하다.

안졸리냐 졸리지, 《옥탑방에서 꿈꾸면》.

086

꿈꾸면 이루어질까

책 내용을 요약하니 이렇다.

① 생생하게 꿈꾸면 양자들도 모습이 바뀐다는 것을 양자물리학자들이 발견했다.[1]

1 양자이론은 극도로 난해하기 때문에 오히려 무당들이 손쉽게 이용하는 먹잇감이 된다. 설명이 안 되거나 난해한 것은 다 양자역학 때문이라고 몰아가면 뭔가 대단한 해답을 제시한 것처럼 보일 수 있기 때문이다. 스티븐 호킹과 협업했고 2020년 노벨물리학상을 받은 천재 수학자 로저 펜로즈Roger Penrose마저도 '의식이라는 문제를 풀 열쇠는 양자이론이 쥐고 있다'는 추측과 주장만 뒤섞인 이론을 수십 년째 고수하고 있어 양자역학 전문가들로부터 걱정과 비웃음을 사고 있다. 그래도 펜로즈는 학문적 노력이라도 하고 있으니 양반이다. 《우연은 얼마나 내 삶을 지배하는가》(동양북스, 2018)를 쓴 양자물리학 박사 플로리안 아이그너Florian Aigner는 130쪽에서 이렇게 지적한다. '안타깝게도 양자물리학에서 관찰자 역할에 대한 혼란 때문에 불쌍한 양자물리학이 이루 말할 수 없는 허튼짓에 많이 악용되었다. 점성술사와 수맥이나 광맥을 찾아

② 건강을 생생하게 꿈꾸면 건강해진다. 백혈구 숫자도 조절할 수 있다.

③ 시간은 과거로 흐를 수 있다고 아인슈타인이 증명했다.

④ 우리는 우리 미래를 알 수 있다. 전두엽이 그런 역할을 한다.

⑤ 생생하게 꿈꾸면 아름다운 여인과 결혼할 수 있다.

결론: 생생하게 꿈꾸면 반드시 이루어진다.

맞네 맞아. 아토피로 진물 마를 새 없는 조카도, 연골이 닳아 거동 불편한 할머니도, 대장암으로 사망한 이모도, 피부암에 걸린 휴 잭맨Hugh Jackman도 다 '건강을 생생하게 상상하지 못한' 자기들 탓이었네. 월급을 아무리 모아도 서울에 아파트 한 채 마련하지 못하는 게 구조적 문제가 아니라, '마음과 영혼을 다해' 내 집 마련을 믿지 못한 바로 내 탓이었네. 내가 세상을 헛살았네. 헛살았어. 이 좋은 비법을 몰랐다니.

가슴이 웅장해지고 낮인데도 꿈이 막 꿔진다. 응시 기회만 열려도 좋겠다던 마음들이 이제는 경기도지사로, 서울지검장

내는 사람들은 난데없이 자신들 능력이 양자와 관련되어 있다고 주장했다. 그리고 자칭 기적의 치료사들은 자신을 찾아온 고객들에게 자신이 손을 대는 것만으로도 질병을 낫게 할 수 있다고 주장하며 이를 양자치료라고 부른다.'

으로, 청와대 수석으로, 국회의원으로 사방팔방 날아다닌다. 생생하게 꿈만 꾸면 가능한 일이니 어찌 신나지 않으리오.

하지만 똑똑한 칠우, 어째 느낌이 쎄하다. 예전에 영어 공부할 때 읽었던 영어 원서 하나가 떠오른다. 내용이 대충 이랬다.

> 내가 생각하는 것이 주파수와 신호로 변해 우주로 송신된다.
> 간절히 원하면 우주가 나를 위해 움직인다.
> 돈을 생각하면 우주는 내 주변 상황을 움직여
> 돈을 가져다준다.
> 이른바 끌어당김의 법칙이다.
> 간절히 원하면 이루어진다.

내용을 보며 한 번 놀랐고, 이런 책이 미국 베스트셀러라는 사실에 두 번 놀랐고, 한국에서도 번역되어 베스트셀러가 되었다는 말에 세 번 놀랐다.

이 책이 그 미국 책이랑 뭐가 다르지?

087

긍정의 배신

뭐가 뭔지 혼란스러웠던 칠우는 책을 들고 허균에게로 갔다. 머리말부터 꼼꼼히 읽어나가던 허균 미간이 찌그러진다. 욕지기를 참아가며 마지막 페이지까지 샅샅이 훑어본 스승, 굳은 얼굴로 제자들에게 묻는다.

"너희들이 서얼 신분을 벗고 적자가 되는 것을 생생하게 상상하면, 이루어지겠니?"

"내가 일방적으로 좋아하는 여성과 결혼하기를 마음과 영혼을 다해 믿어서 결혼하게 되면, 그 여성은 로봇임?"

"사회적 참사로 죽은 사람들은 행복한 삶을 상상하지 못해서 그렇게 된 것이니?"

스승이 던지는 질문 폭탄에 멘탈이 너덜거리는 칠우. 하지만 질문을 그치지 않는 스승이다.

"사회 구조적 문제를 개인 노력으로 해결하도록 강요하는 사회는 정의로운 사회니?"

"자기계발은 어쩌면 자기 착취가 아닐까?"[1]

얘들아 요즘 필요한 책은 이런 책이란다, 면서 스승이 강력 추천한 원픽은 《긍정의 배신》[2]이다. 책 머리에 올린 추천사만 봐도 속이 시원하다.

- 미국을 감염시킨 뒤 세계로 확산된 '긍정교'에 대한 신중하고 해박한 비판.
- 오프라 윈프리와 디팩 초프라에게 말한다. 제발 이 책을 읽어라! 똑똑하게 생각하는 건 언제 시작해도 절대 늦지 않다!
- 가난, 비만, 실업이라는 현실 문제가 마음가짐만으로 극복 가능한 작은 장애물로 축소되는, 자본주의와 긍정주의의 공생 관계를 밝힌다.

---

1 자기계발이 강박 수준으로 흑화되면 이런 증상들이 나타난다. 불안, 노력해도 항상 부족함을 느낌, 불면증, 우울증.

2 바버라 에런라이크, 《긍정의 배신》, 전미영 역, 부키, 2011.

- 긍정적 사고의 거짓 과학과 거짓 지성의 토대가 '카드로 만든 집'처럼 허황된 것임을 폭로했다.

작가는 자신이 쓴 글에 책임져야 한다. 현재는 물론 미래에도.

088

인문학 무당

칠우는 인터넷을 뒤져보고 알았다. 자기들이 픽한 저자 '안졸리냐 졸리지'가 400년 후에 '인문학 장사꾼', '인문학 무당'으로 불린다는 사실을.

인문학을 공부하면 세상 이치를 터득한다.
인문학을 공부하면 행복해진다.
인문학을 공부하면 좋은 직장 얻는다.
인문학을 공부하면 돈 많이 번다.

입만 떼면 인문학이라 전공자처럼 보이지만 안졸리냐 졸리지는 비전공자다. 그래서 오해했나 본데 이건 인문학이 아니라 마술 아니면 주술이다.

- 좁은 의미 인문학: 문학, 역사학, 철학
- 넓은 의미 인문학: 인간에 관한 사유, 표현, 실천의 종합

자기 기준과 취향이 확고해 자신을 객관적으로 볼 수 없는 게 청년들 특징이다. 인문학은 청년들에게 이런 도움을 줄 수 있다.

익숙한 것을 낯설게 볼 수 있도록 한다.
그래서 당연한 것을 의심할 수 있도록 한다.
심지어 기존 진리 주장까지도 의심할 수 있도록 한다.
결국엔 새로운 방향으로 나아갈 수 있도록 도와준다.

한 번에 끝나는 작업은 아니다. 고정된 물음과 손쉬운 해답을 거부하고 물음에 물음을 거듭해 해답을 변화시켜 나간다. 인문학을 공부하면 답이 하나가 아닐 수도 있다는 것을 깨닫는다.

089

무당의 주님

허균은 1614년과 1615년 두 차례 중국을 외교 방문했다. 중국 명품을 잔뜩 구입한 후 한국 와서 되파는 다른 외교관들과 달리, 허균은 책만 수천 권 사왔다. 그때 《천주실의天主實義》[1]와 《칠극七克》[2], 그리고 기독교 관련 서적들을 사온 것으로 보인다.

> 한나라 애황제(12대 황제) 때 인도 서쪽에 있던 나라에서 남자 아기가 태어났다. 이름은 야소耶蘇(예수)인데, 세상을

1 가톨릭 예수회 소속 이탈리아 신부 마테오 리치Matteo Ricci(1552-1610)가 1603년 중국에서 한문으로 기록한 가톨릭 교리서. 마테오 리치 한자 이름은 이마두利瑪竇다.

2 스페인 출신 가톨릭 선교사 판토하Diego de Pantoja(1571-1618)가 1614년 한문으로 기록한 가톨릭 수양서.

> 구원한다는 뜻이다. (…) 명나라 만력제(13대 황제) 때 베이징에 들어온 마테오 리치는 1603년 《천주실의》를 썼다. 〈천하여지도〉도 그렸다. (…) 허균이 중국에 가서 〈천하여지도〉와 〈게偈 12장〉을 가지고 왔다.[3]

〈게 12장〉은 기독교 기도문이다.[4] 성호 이익과 안정복도 《성호사설》과 《순암집》에서 허균에 대해 각각 똑같이 말한다. 《열하일기》를 쓴 박지원은 조금 더 나간다.[5]

"기독교가 조선으로 들어온 것은 허균 때문이다. 현재 기독교 무리들은 허균 잔당이다."

이를 근거로 허균이 한국 최초 기독교 신자라는 주장을 하기도 한다. 오버다. 근거가 희박하다. 학문적 관심에서 그 똑똑한 머리를 사용해 기독교 핵심을 공부했던 것으로 추정하는 것이 합리적이다.

---

3 유몽인, 《어우야담》.

4 성호경聖號經, 천주경天主經, 성모경聖母經, 종도신경宗徒信經, 삼중경三重經, 고죄경告罪經, 소회죄경小悔罪經, 영광경榮光經, 천주십계天主十誡, 성교법규사규聖敎法規四規, 삼덕송三德頌, 봉헌경奉獻經.

5 이익(1681-1763), 안정복(1712-1791), 박지원(1737-1805).

칠우가 스승에게 말한다.

“이것저것 모든 방법이 막혔으니, 저희는 기독교인이나 되어 꿈을 이루겠습니다.”

허균은 뜬금없이 뭔 소린가 했다. 인문학 무당이 기독교에 대해서도 언급했단다.

① 사람은 주님의 모습을 따라 창조되었다.[6]

② 사람 속에는 주님의 조각들이 편재遍在[7]한다.

③ 꿈꾸기만 하면 이루어진다고 믿는 게 믿음이다.

④ 생생한 꿈은 주님보다 힘이 세다.

허균이 칠우에게 명쾌하게 답한다.

---

6 “물질주의의 유혹에 맞서, 그리고 이기주의와 분열을 일으키는 무한 경쟁 사조에 맞서 싸우기를 빕니다. 새로운 형태의 가난을 만들어내고 노동자들을 소외시키는 비인간적인 경제 모델들을 거부하기를 빕니다. 생명이신 하느님과 하느님의 모상을 경시하고, 모든 남성과 여성과 어린이의 존엄성을 모독하는 죽음의 문화를 배척하기를 빕니다.” 프란치스코 교황 대전월드컵경기장 성모승천대축일 미사 강론. 2014년 8월 15일.

7 널리 퍼져 있음.

"논리 전개가 희한하고 개념 사용이 특이해 요약하기도 분석하기도 쉽지 않지만, 이건 힌두교 신비주의와 뉴에이지 사상이 혼합된 싸구려 신비주의 사상이야. 마술적 사고라고 할 수 있지. 이런 걸 기독교에선 번영신학[8], 종교학에선 주술이라고 부른단다. 기독교가 아니란 말이지."

---

8 하나님을 잘 믿으면 '이 세상에서' 돈 잘 벌고, 건강하며, 성공하고, 번영한다는 가르침. 한국에서도 번역된《긍정의 힘》과《잘 되는 나》로 유명한 미국 목사 조엘 오스틴Joel Osteen이 대표적이다. 미국 CBS 방송사가 제작하는 유명 탐사보도 프로그램 〈60 minutes〉가 2007년 조엘 오스틴을 취재한 후 이렇게 평가했다. '종교를 신이 아니라 인간에 관한 것으로 만들었다. 솜사탕 복음을 말한다'. 비슷한 부류로 케네스 해긴Kenneth Hagin, 팻 로버트슨Pat Robertson, 조이스 마이어Joyce Meyer, 베니 힌Benny Hinn, 로버트 슐러Robert Schuller 등이 있다. 한국에도 많지만 할많하않. 이 가르침이 맞다면 예수님과 사도들, 바울과 순교자들은 믿음이라곤 1도 없는 실패자들이다.

090

고등종교와 무속

허균은 '가짜 기독교'로 귀의하려는 칠우와 무박 2일 토론회를 열었다. 다음 날 정오쯤 되자 똑똑한 칠우, 스스로 결론을 내린다.

예수님: 네 욕망을 버려라.
'주님 나라, 주님 꿈'에 네 꿈을 일치시켜라.

안졸리나: 네 욕망을 꿈, 비전, 믿음이라고 1차 포장해라.
그 다음엔 그게 주님의 뜻이라고 2차 포장해라.

"얘들아, 기독교인들이 왜 자신들의 신을 주님이라고 부르는지 아니?"

"그렇게 부르면 왠지 간지나는 거 같아요."

"주님은 주인님이라는 말이야. 주인님 앞에 모든 걸 내려놓고 복종하겠다는 의미지. 주인님이 원하는 삶을 살겠다는 신앙고백이기도 하단다."

또 다시 질문한다.

"고등종교(기독교와 불교 등)와 무속의 차이점을 말해보거라."

아직까지 헷갈려 버벅대는 칠우에게 간명하게 설명하는 스승, 역시 최고 인문학 강사다.

- **고등종교: 내 욕심 버리고 신의 욕심을 따르는 종교**
- **무속: 내 욕심을 이루기 위해 신을 조종하는 종교**

"사랑, 용서, 관용, 자비, 절제, 극기를 가르치지 않는다면 고등종교가 아니다."

칠우, 드디어 깨달음이 온다.

"굿을 해서 내 소원이 이루어져도 귀신들에게 특별히 감사한 마음이 들지 않았던 게 바로 이런 이유였군. 게다가 돈까지 지불했으니."

《긍정의 배신》을 쓴 바바라 에런라이크가 묻는다.

"기독교의 주님은 집사장 혹은 지니의 램프 정도로 전락했다. 신비와 경외감은 사라졌다. 그렇다면 인간이야말로 전능한 존재가 아닌가?"

091

외로운 주님

이틀 걸린 토론회가 막을 내렸다. 오랜만에 머리를 풀 파워로 사용한 허균, 기진맥진이다. 창밖으로 떨어지는 태양을 한참 바라보더니 신음하듯 아련하게 내뱉는다.

"기독교의 주님은 참 외로우시겠다."

칠우가 받아친다.

"이 세상을 만든 절대자에게, 모든 것을 소유하신 분에게 외롭다고 하는 건 신성모독 아닌가요?"

"기독교의 신은 신자들에게 사랑하자, 교제하자, 이야기하자, 끊임없이 말씀하시더구나. 하지만 신자들이 그런 주님께 하는 말은 마지막 어절이 딱 정해져 있더라."

아파트값 오르게 해주세요.

아파트값 내리게 해주세요.

1등하게 해주세요.

우리 아이 의대 가게 해주세요.

경기에서 이기게 해주세요.

승진하게 해주세요.

건강하게 해주세요.

좋은 배우자 주세요.

사랑을 하게 되면 약자로 변한다. 그리우니까, 안쓰러우니까. 안졸리냐의 주님은 참 외로우시겠다. 어쩌면 이렇게 말씀하실지도 모르겠다.

"너희들은 나랑 인격적으로 사귈 생각은 없는 거니?"

092

담백한 교제

“주님, 오늘은 아무것도 안 구할게요. 그냥 향기 좋은 커피 한 잔 뽑아서 주님과 같이 마실래요.”

“주님, 오늘은 하루 쉬세요. 제가 형제를 사랑하고 이웃을 보살필게요.”

“그냥 불러봤어요. 주님이 너무 좋아서요.”

유대인들이 지금도 최고 영웅으로 존경하는 다윗은 흠결이 많았다. 거짓말도 많이 했고 주님을 무시하는 행동도 많았다. 자신에게 충성하는 장수 우리야, 그의 아내 밧세바에게 반해 불륜을 저지르고 임신 사실이 드러날까 우리야를 모략으로 죽게 했다.

그런데도 주님은 다윗을 지극히 사랑했다. 물론 죄에 대한

벌은 달게 주셨지만 다윗을 끝없이 사랑했다. 주님을 향한 다윗의 이런 마음 때문이었을 터.

하나님께 구하는 것은 오직 한 가지.

내 평생 그분의 집에서 그분과 함께 살며,

그분의 아름다우심 묵상하고,

그분의 발치에서 진심으로 배우는 것.[1]

---

1 〈시편〉 27:4. 내가 여호와께 바라는 한 가지 일 그것을 구하리니 곧 내가 내 평생에 여호와의 집에 살면서 여호와의 아름다움을 바라보며 그의 성전에서 사모하는 그것이라.

093

홍시도 어릴 땐 떫었다

과연 스승 말이 맞았다. 아무리 생생하게 꿈꾸어도, 온 우주를 동원해 상상해도, 이룰 수 없는 것은 이룰 수 없었다. 광해군은 칠우가 기대한 그런 사람 아니었다. 서얼들 처우 개선 따위는 국정과제 백만 번째 항목에도 없었다.

“나는 서자가 아니라 왕이다.”

올챙이 적 처지 잊은 개구리는 이제 진부하니, 소새끼, 아니 소세끼夏目漱石가 지은 시로 대신한다.

홍시야, 잊지 마라.

너도 어렸을 때는 무척 떫었다는 사실을.[1]

광해군은 아버지 유언도 무시했다.

"형제 사랑하기를 내가 살아 있을 때처럼 해라."

예, 라고 대답하고 보름 만에 친형 임해군을 역모 혐의로 몰아 진도로 귀양 보냈다. 아버지 시신이 궁궐도 벗어나지 않은 상태였다. 이듬해 임해군은 이정표에게 살해당한다.[2] 물가가 올라 백성들이 아우성인데 검찰과 국정원을 동원해 실체 없는 역모를 파헤치느라 국정이 올 스톱이다. 부패한 처가 식구들은 지극 정성 챙긴다.

그제야 칠우는 깨달았다. 자신들이 올라갈 계층 상승 사다리는 신기루였음을. 문자 그대로 칠우에겐 이 땅이 헬'조선'이었다.

---

1 일본 작가 나쓰메 소세키가 한 말이다. "고려 유적지를 보러 갔을 때, 내가 탄 인력거는 너무 흔들려 엉덩이가 의자 위에 닿을 틈이 없었다. 인력거를 모는 조선인 머리를 때려주고 싶을 정도로 화가 치밀었다. 인력거를 끄는 기술이 없어 무턱대고 달리기만 하면 된다고 생각하는 점에서 완전히 조선인이었다."

2 《광해군일기 중초본》 광해 6년(1614년 1월 13일).

"모두 다 망해버려라."

"다 같이 망하는 것만이 이 사회에서 꿈꿀 수 있는 유일한 공평함이다."

"차라리 전쟁이 났으면 좋겠다."

칠우가 아니라 요즘 청년들 말이다. 2015년 1월 9일, 카이스트 미래전략대학원 주최로 토론회가 열렸다. 과학기술정책연구원 박성원 박사가 20~34세 청년들을 대상으로 한 설문조사 결과를 발표했다. 질문은 이랬다. 어떤 미래를 원하는가?

- **지속적인 경제성장: 23%**
- **붕괴, 새로운 시작: 42%**

094

인간은 이야기로 산다

이유 없이 눈물이 난다.
잠이 오지 않는다.
무기력하다.
집중력이 사라졌다.
식욕이 줄었다.
말이 어눌해졌다.
행동이 둔해졌다.
자살 충동이 든다.

이런 상태가 2주 이상 지속되자 똑똑한 칠우, 짧막한 열두 글자로 스스로를 규정한다.

吾輩皆失意之人愁慨不自定오배개실의지인수개부자정

'오배'는 우리라는 뜻인데 당시 서얼들이 주로 사용한 단어다. 아무리 노력해도 이 세상에서 인정받지 못하니 우울증과 분노조절장애로 삶이 무너지고 있다, 정도 의미다.

하루 세 끼 수십 년간 먹어온 밥이지만 어느 날 문득, 나는 왜 밥을 먹고 있지, 라고 스스로에게 물어볼 수 있는 존재가 인간이다. 이때 만족할 만한 답을 제시하지 못하면 시나브로 삶이 무너져내릴 수 있는 존재가 인간이다.

인간은 의미가 있어야 살아갈 힘을 얻을 수 있는 존재다. 의미들을 꿰맞춰 이야기를 만들고, 그 이야기 속 주인공이 되어야 행복할 수 있는 존재다.

죽기 좋은 날

더 이상 살아갈 의미를 찾을 수 없던 칠우가 우울증 증세를 보이고 몇몇은 양극성 장애가 의심되자 지인들이 충고한다.

“이겨낼 수 있어, 힘내.”
“다른 서얼들도 다 이겨냈어.”
“마음을 바꿔봐.”
“어쩌겠어, 세상이 그런데.”
“너무 심각하게 생각하지 마.”

효과가 있었을까?

우울증을 마음의 감기라고 하는데, 틀렸다. 흔하기론 감기지만 고통은 말기 암과 비슷하다. 상태가 심해지면 ‘이겨낼 수 있는’ 힘도 사라지고 ‘마음을 바꿀 수 있는’ 힘도 소진된다.

그래서 우울증 환자에게 '힘냄'을 말하는 것은 오히려 환자 상태를 악화시키기도 한다. 우울증에 걸린 사람은 빈말로 하는 위로를 기가 막히게 알아챈다. 백 마디 말보다는 같이 앉아 밥 한 그릇, 커피 한 잔 하는 게 훨씬 위로다.

칠우 중 하나가 이태백 시를 읊는다.

> 무릇 천지는 만물을 맞이하여 묵게 해주는 여관이요
> 시간은 영원한 세월을 지나가는 나그네로다.
> 이 사이에 떠다니며 사는 것은 마치 꿈과 같으니
> 즐거워한 시간이 기껏 얼마나 되겠는가.

일본에 능통한 이는 잇사[1]를 인용한다.

> 이 세상은 지옥 위에서 하는 꽃구경.

칠우 중 서양 고대 사상사 전문가는 네로 황제 유언을 동원한다.

> 죽음이로다. 그 얼마나 위대한 예술가였나.

---

1 일본 전통 시가인 하이쿠 작가 고바야시 잇사小林一茶(1763-1827).

칠우 중 신비주의 담당은 200년쯤 시간을 앞으로 넘겨 미래 시를 가져온다.

> 한평생 고뇌 속에 사느라
> 밝은 달은 봐도 봐도 부족했었지.
> 이제부턴 영원히 마주 볼테니
> 무덤 가는 이 길도 나쁘진 않군.[2]

어느덧 칠우는 똑같은 생각을 하게 된다.

> 호카헤이Hoka Hey[3]

오늘은 죽기 좋은 날, 이라는 뜻이다.

---

2 이양연(1771-1853)이 쓴 시다. 이분은 다음 시로 유명하다.

踏雪野中去 不須胡亂行 답설야중거 불수호난행
今日我行蹟 遂作後人程 금일아행적 수작후인정
눈 덮인 들판을 걸어갈 때 함부로 걷지 마라.
오늘 걷는 내 발자국이 뒷사람의 이정표가 된다.

이 시는 오랫동안 서산대사 작품으로 오해받았다.

3 미국 북서부 대평원에 살던 수우족 추장 '미친 말'이 전투에 나갈 때 부르던 노래다. "나를 따르라. 오늘은 싸우기 좋은 날. 오늘은 죽기 좋은 날."

096

태산보다 무거운 죽음

분위기가 최악으로 치달을 때, 신음하듯 누군가 내뱉은 말이 분위기를 반전한다.

사람은 누구나 죽지만
어떤 죽음은 태산보다 무겁고
어떤 죽음은 새털보다 가볍다.[1]

맞다. 자살은 싸움을 포기하는 것이다. 살아서 별별 꼴까지 다 봐야 한다. 삶은 원래 그런거니까. 비슷한 시간 유럽에서 투병하던 한 신부가 남긴 글이다.

1 사마천.

어떤 사람도 외딴섬일 수 없다.

대륙의 한 조각, 본토의 일부다.

흙 한 줌이 바닷물에 씻겨 나가면

유럽이 그만큼 작아진다.

우리도 마찬가지다.

누군가 죽으면 내가 줄어든다.

우리 모두는 인류의 한 부분이기에.

그러니

누구 때문에 종이 울리느냐고 묻지 마라.

종은 바로 당신을 위해 울린다.[2]

칠우는, 죽음 담론을 통해 살아갈 의미를 확인했다. 삶은 살아내는 게 유일한 해답이다.

---

2 영국 성공회 신부이자 시인이던 존 던John Donne(1572-1631)이 쓴 시다. 종은 조종弔鐘, 즉 죽음을 의미한다. 헤밍웨이는 이 시에서 영감을 얻어 자신이 쓴 소설 제목을 '누구를 위해 종은 울리나'라고 지었다.

097

회심

청산은 나를 보고 말없이 살라하고
창공은 나를 보고 티 없이 살라하네.
사랑도 벗어놓고 미움도 벗어놓고
물같이 바람같이 살다가 가라하네.

그즈음 칠우가 밤낮으로 불렀던 노래다. 칠우는 세상에 믿고 의지할 건 서로 밖에 없다며 '살아도 같이 살고 죽어도 같이 죽자'는 사우死友 맹세를 한다. 유비, 관우, 장비가 맺었던 도원결의桃園結義[1] 조선판이라 보면 되겠다.

말없이 살기 위해, 물처럼 바람처럼 세상을 부유하기 위해

1 유비, 관우, 장비가 복숭아 농장에서 의형제를 맺었다는 뜻. 후세 사람들 뇌피셜이다.

칠우는 아웃 서울을 감행한다.

작은 배를 하나 렌트해 퇴계가 그랬던 것처럼 며칠째 한강을 거슬러 갔다. 어느 어스름 저녁, 노을이 기가 막혀 사공에게 물으니 한강 석양은 이곳이 원톱이란다. 비박할 곳을 찾아 주위를 살피니 야트막한 산기슭에 작은 건물 하나[2]만 남긴 채 홀랑 타버린 절이 있다.

神勒寺신륵사

이름이 심상찮아 구글링했더니 나옹 선사[3]가 신神령한 힘으로, 마을 사람들을 괴롭히던 용에게 굴레勒를 씌워 제압했다고 해서 신륵사란다. 나옹 선사, 스펙이 화려하다.

- 고려 공민왕 스승
- 무학 대사 스승[4]

게다가 칠우들 마음 어루만지며 세상 미련 버리고 서울을

---

2 보물 1800호인 신륵사 조사당. 고승들 초상화를 모셔 놓은 건물이다. 나옹 선사 스승인 지공 스님, 나옹 선사, 무학 대사 초상화가 있다.

3 1320-1376.

4 무학 대사는 태조 이성계 스승이다.

떠나게 만들었던 '청산은~' 시가 바로 나옹 선사 작품이었다.

하늘 뜻이라 믿고 이곳에 정착하기로 했다. 칼국수는 여주가 최고라던 스승 허균 멘트도 0.01% 정도 영향을 끼쳤다. 달밤에 시가 없으면 섭하다.

안개 낀 모래톱에 배를 옮겨 대니
해 저물어 나그네 시름 새롭다.
들이 넓어 하늘이 숲에 나직하고,
강이 맑아 달이 사람에게 다가오네.[5]

---

5 당나라 시인 맹호연(689-740)이 지은 시다.

098

포르투나

연고 없는 여주에 정착한 칠우, 일단은 수중에 돈이 있어 여유가 있다. 느지막이 일어나 브런치 맛집에서 아점 먹고, 앉은 채로 두어 시간 SNS를 훑었다. 실없이 낄낄거리다 문득 심해지는 거북목을 느끼면 밖으로 나와 뚝방길을 걸었다.

풀피리 불고 셀카도 찍으면서 해방감을 만끽한 후, 남한강 뷰가 기막힌 카페로 들어가 책을 읽고 시를 지었다. 그것도 지겨우면 강변에 앉아 술을 마시다, 그대로 누우면 하늘이 이불이다.

강바람은 시를 읊게 하고
산에 뜬 달은 술을 마시게 하네.
취해서 꽃밭 앞에 쓰러지니
천지가 내게는 이불이구나.

가끔은 시내로 나가 칼국수도 먹었다. 그렇게 한 달 두 달, 공동 통장 잔고가 슬금슬금 줄어들자 살랑살랑 마음이 요동친다. 칠우 중 하나가 아이디어를 낸다.

"카페에 가지 말고 카페를 차리자."

세종대왕 부동산을 통해 공짜 수준으로 빌린 맹지 한 편에 얼기설기 셀프 인테리어로 조그만 카페를 만들었다. 실내 집기들은 당근에서 중고로 하나하나 확보했다. 건물은 어설프고 실내 컬러는 뒤죽박죽이지만 옥상에서 바라보는 노을이 참 좋다. 컨셉도 확실하게 잡았다.

無輪亭무륜정[1]

그리스 신화에서 '행운'을 담당했던 여신 티케Tyche는 로마 신화로 이주하면서 '운명'을 주관하는 포르투나Fortuna로 개명한다. 운명의 여신 포르투나는 거대한 수레바퀴에 인간을 붙여, 그들 운명을 지 마음대로 결정한다. 수레바퀴 꼭대기에 붙어 있으면 행운, 바닥으로 내려가면 불운이다.

---

1 륜輪은 바퀴를 뜻한다. 전륜 구동, 후륜 구동, 2륜 구동, 4륜 구동 할 때 륜이다.

수레바퀴는 언제 굴리나?

포르투나 마음이다. 그래서 인간은 근원적으로 불안한 존재다. 임금과 국회의원, 임금 자녀와 국회의원 아들은 수레바퀴가 아래로 굴러갈까 불안하고, 서얼과 흙수저는 수레바퀴 바닥에서 영원히 고정될까 두렵다.[2]

칠서는 운명의 수레바퀴를 돌리려 영혼까지 탈탈 털어 분투했지만 포르투나는 코웃음만 칠뿐, 바퀴는 미동도 없다. 그렇게 청년 시절을 보냈다.

뼈를 깎는 노력으로 몸만 상하지 않았을까?
바퀴를 돌리는 게 불가능했네.
그렇다면 바퀴 자체를 없애버리면 어떨까?

그래서 수레바퀴 없는 카페, 운명의 수레바퀴를 박살내겠다는 카페 무륜정無輪亭이다. 칠우는 인스타로 카페를 알렸다.

신분, 재산, 학벌 때문에 풀이 죽은 청년들
모두 이곳으로 오시게.
강과 산과 바람과 달은 주인 없으니
한가로운 사람, 그가 주인이라네.

---

2 루벤스(1577-1640)가 그린 〈포르투나〉, 에드워드 번 존스(1833-1898)가 그린 〈운명의 수레바퀴〉를 검색해서 보면 좋다.

099

무륜정無輪亭

컨셉이 좋아 2030 핫플로 떡상할 줄 알았는데 반향反響이 없다. 타깃을 잘못 잡았다. 예나 지금이나 청년들은 한가로울 시간조차 없다.

고정 비용은 그대론데 매출이 발생하지 않으니 큰일이다. 설상가상, 칠우가 올린 인스타 때문에 노을 맛집으로 소문만 나서 무륜정 주변으로 스타벅스와 폴 바셋 등 메이저 카페들이 속속 들어선다.

"그래, 어차피 고가 커피 고객은 우리와 안 맞으니 포기하고, 가성비 커피로 승부하자."

전략 회의를 마친 바로 그때였다. 반경 100m 안에서 메가커피, 컴포즈커피, 빽다방, 더벤티, 매머드커피, 벌크커피가 일제히 매장을 오픈한다.

"그래, 같이 먹고 살아야지."

죽음 직전까지 갔다온 칠우, 멘탈이 단단해졌다. 포기하지 않고 살길을 궁리했다. 무륜정으로 개설한 인스타 팔로워가 5,000명을 넘겼으니, 이들을 카페로 유입시키자며 파이팅했다.

하지만 남자 한류스타가 소유한 카페, 여자 배우가 직접 운영하는 카페, 걸그룹 출신 가수 남편이 운영하는 카페, 남자 가수가 운영하는 카페가 앞다투며 자리 잡으니 임대료가 성수동 수준으로 폭등한다.

"제발, 같이 좀 먹고 살자."

물적 기반 없는 청년들이 부모 도움 없이 제 힘으로 평범하게 살아가는 것, 예나 지금이나 참 어렵다. 임대료가 밀리고 전기요금, 수도요금, 가스요금 연체고지서가 우편함에 쌓이면서 강변칠우는 수렁으로 빠져든다.

100

무륜정無倫亭

無恒産 無恒心무항산 무항심

2,500년 전 맹자가 한 말이다. 항산이 없으면 항심이 없다. 생활이 궁핍해지면 마음을 다스리기 힘들다는 뜻이다.

소리 없이 흐르는 강물
그 침묵이 우리를 더 슬프게 한다.

"우리는 이무기들이다. 어차피 용이 되지 못할 삶, 이름이나 크게 남기자."

칠서는 카페 간판을 바꿔 단다.

無倫亭무륜정

輪(바퀴 륜)을 倫(윤리 륜)으로, 한 글자만 바꿨다. 애초 간판을 한글로 달았으면 아무도 모르게 태세전환 가능할 뻔했다. 여튼 칠우는 세상에 선포한다.

"윤리 따위 필요 없다. 우리 마음대로 살겠다."

"무륜정 만세!"

101

퇴행

인간에게는 스트레스가 지속되면 퇴행하는 본성이 있다. 청소년이 되었다가 어린애가 되었다가 야만인으로 전락한다. 진짜 선한 사람은 스트레스가 자신을 융단 폭격해도 퇴행하지 않는다. 흔들리고, 때론 넘어질 때도 있지만 뿌리 뽑히지는 않는다. 그렇게 인간이라는 품위를 지켜나간다. 악한 사람은 그렇지 않다. 그래서 스트레스는 선과 악의 시험대다.

강변칠우는 퇴행했다. 서양갑은 1611년 혼자 해주로 가 소금 장사를 시작했지만 폭망한다. 여차저차 살인까지 저지른 후 여주로 복귀한다. 무륜정을 지키던 다른 멤버들 역시 도둑질로 생활비와 유흥비를 마련했다. 몇몇은 부잣집 담을 넘어 귀금속도 훔쳤다.

그러다 1613년 4월, 칠우는 제대로 무륜無倫을 실천한다.

문경새재(조령)에서, 부산에서 서울로 가던 상인을 살해하고 은을 빼앗는다.

얼마 후, 칠우 중 박응서가 제일 먼저 포도청에 잡혔다. 강도살인은 어지간하면 사형이라 형조刑曹에서 처리하면 끝날 일이었다. 그런데 박응서가 이상한 말을 한다.

"우리 강변칠우는 단순한 도둑놈이 아니다. 반역을 위해 돈이 필요했다. 용병 300명을 고용해 왕과 세자를 죽이고 영창대군을 왕으로 세우려 했다. 물론 영창대군이 어리니 엄마 인목대비에게 수렴청정을 맡길 예정이었지. 우리 단체 리더는 서양갑과 박치의다. 나는 그냥 객원 멤버 정도다."[1]

생활비 겸 유흥비 마련이 목적이었는데 역모라니.[2] 게다가 별다른 고문도 없었는데 대단히 상세하고 친절하게 진술한다. 왜 그랬을까?

---

1 《광해군일기 중초본》 광해 5년(1613년 4월 25일).

2 대명률에 따르면 역모에 관련된 자는 주범과 종범을 가리지 않고 모두 능지처사다. 연좌제도 무시무시하다. 죄인 아비와 16세 이상 아들은 교수형에 처한다. 죄인 어미, 15세 이하 아들, 딸, 부인과 첩, 할아버지와 손자, 형제와 자매, 며느리는 종이 된다. 재산은 몰수다.

102

조작된 역모

포도청 감방에 갇혀 죽음만 기다리던 박응서에게 귀인이 나타났다. 광해군 다음으로 힘이 셌던 이이첨이 포도대장 한희길을 시켜 빅딜을 제안한다. 시키는 대로 허위자백하면 살려주겠단다. 자백 내용은 간단했다.

- 김제남이 외손자 영창대군을 왕으로 올리려 한다.
- 자금을 마련하려고 우리에게 강도질을 시켰다.
- 맨 먼저 서양갑이 7년 전 역모를 주장했다.
- 심우영이 3년 전 춘천에 군량미를 비축했다.
- 이 모든 일을 설계한 최종 보스는 김제남이다.

한때 용을 꿈꿨던 박응서는 이무기로라도 생명을 이어가야겠다며 주문받은 멘트에 살을 붙여 풍성하게 자백했다. 죽어도 같이 죽자고 맹세했던 친구들 이름도 죄다 불었다. 졸지에 형조(강도살인)로 갈 사건이 의금부(역모)로 레벨업한다.

경찰력만 동원될 사건에 검찰과 국정원까지 달라붙으니 도망쳤던 칠우도 쉽게 잡혀온다. 주범으로 몰린 서양갑과 심우영은 압슬壓膝[1]을 받고도 역모를 부인했다. 대질심문도 했지만 당연히 진실성과 논리에서 박응서가 밀린다. 보다 못한 광해군이 돌파구를 마련한다.

"심우영의 아들 심섭이 14세라고 하는데, 나이가 차지 않아도 형신刑訊을 할 수 있는가?"[2]

대신들이 심섭을 직접 본 뒤 결정하자고 하자 박응서가 말한다.

"심섭이 어리긴 하지만 아비가 반역 음모를 꾸밀 때 들은 이야기가 분명히 있을 것입니다."

그러자 대신들도 고문을 허락한다. 왕이 말한다.

---

1 무릎을 여러 가지 방법으로 고문하는 형벌.

2 《광해군일기 중초본》 광해 5년(1613년 5월 4일). 형신은 죄인 정강이를 때리는 심문이다.

"심섭은 어리니 작은 몽둥이로 때려라."

중2 심섭, 몽둥이 한 대 맞고 바로 광해군이 원하는 말을 외친다.

"서양갑이 우두머리입니다. 제 아비 역시 서양갑과 한패인 것 같습니다."

광해군이 심섭에게 묻는다.

"서양갑 스스로 왕이 되려고 하지는 않았겠지. 누구를 왕으로 추대하려 했니?"

남의 말을 듣지 않는 중2, 서양갑이 보스라고 거듭 주장한다. 광해군이 한숨 쉬며 다시 묻는다.

"왕 후보가 누구니?"

눈치도 없는 심섭.

"어찌 저 같은 아이에게 말해주었겠습니까? 서양갑 스스로 왕이 된다고 했습니다."

답답한 광해군이 고문을 명령하자, 평소 사회 공부를 싫어해 아는 게 거의 없던 심섭이 쥐어짜듯 정답을 찾는다.

"정협을 왕으로 추대하려 했습니다."

깊은 빡침으로 이를 깨문 광해군, 화를 삭이며 다시 묻는다.

"정협이 아닐 텐데. 더 맞아야겠네. 역모에 참여한 사람들도 더 불어라."

심섭이 이 사람 저 사람 생각나는 대로 줄줄이 말한다. 보다 못한 '오성과 한음' 중 한음을 담당한 이덕형이 끼어든다.

"심섭은 그저 형을 면해보려고 많은 사람을 끌어들이고 있는 것이니 이것을 사실로 받아들여서는 안 될 것입니다. 그저 그가 승복했으니 속히 정형正刑[3]을 행하는 것이 마땅할 것입니다."

---

3 '심문, 자백, 조율照律(해당 법규 적용), 처형'이라는 정해진 절차에 따라 형벌을 받고 죽는 것.

103

칠서지옥

되돌릴 길 없는 사태에 절망한 심우영은 어영부영 혐의를 인정했고, 번화가에서 목이 잘린다. 서양갑은 잔인한 고문을 견뎠으나 어느 순간 생각을 바꾼다. 가족을 몰살시킨 기득권층에 복수하기 위해 일단 광해군이 원하는 답을 말해주고, 이를 통해 무고한 사람들을 최대한 많이 끌어들여 국가를 혼란에 빠뜨리려 했다. 죽기 하루 전 이경준에게 넌지시 건넨 말이다.[1]

"왕이 내 눈앞에서 내 어머니를 죽였으니, 나도 제 어미를 죽여 복수하려고 한다."[2]

---

1 서양갑을 철물鐵物 저자 거리에서 환형轘刑에 처하였다.《광해군일기 중초본》광해 5년(1613년 5월 6일).

2 광해군 생모 공빈 김씨는 광해군을 낳고 2년쯤 더 살다 죽었다. 광해군 법적 어머니는 인목대비다.

서양갑과 대질하게 된 박응서 역시 서양갑과는 다른 속내로 거짓 자백을 하기 시작한다. 두 사람이 다른 목적으로 만들어낸 스토리는 한 지점에서 만난다.

"김제남이 영창대군을 왕으로 올리려 했다."[3]

광해군 목표에 딱 맞는 답이 나왔으니 정국政局은 이제 겨울왕국이다. 서양갑이 내뱉은 거짓 자백을 근거로 사람들을 닥치는 대로 잡아들였는데 의금부 감옥이 순식간에 만석이다. 눕는 건 언감생심焉敢生心[4], 앉아 있는 것조차 힘들다. 면역 체계가 약하거나 심장이 약한 이들은 조사를 받기도 전에 죽어 나갔다.

그 다음은 짜고 치는 고스톱처럼 광해군과 신하들이 주거니 받거니 밀고 당기면서 조금씩 진도를 뺀다. 역사는 이를 계축년(1613)에 일어나서 계축옥사 혹은 칠서지옥七庶之獄이라 기록하는데, 세상은 칠서지옥七庶地獄이었다.[5]

---

3 서양갑은 이런 진술도 했다고 한다. "서자를 폐하고 적자를 세우려는 것인데 누가 역적이라 한단 말인가?" 《광해군일기 중초본》 광해 7년(1615년 5월 13일).

4 감히 그런 마음을 품을 수도 없다.

5 《광해군일기 중초본》 광해 5년(1613년 5월 6일).

- **칠서지옥七庶之獄 - 일곱 서자들의 옥사獄事**[6]
- **칠서지옥七庶地獄 - 일곱 서자가 만든 지옥**

사관이 평가했다.

> 박응서와 관련자들은 광해군 입맛에 맞는 가짜 사건을 꾸며 죄 없는 사람들을 무참히 죽였다. 우리나라가 짐승의 땅이 되었다. 하지만 광해군은 박응서에게 자백했다는 이유로 상을 주었다.[7]

강핵관, 강변칠우 핵심 관련인이었던 허균은 어떻게 되었을까?

---

6 중대한 범죄를 다스림, 정도 뜻이다.

7 《광해군일기 중초본》 광해 14년(1622년 5월 2일).

104

비뚤어질 테다

칠우는 의리를 지켰다. 후원자이자 스승이었던 허균 이름은 입밖으로 내지 않았다. 꼼짝없이 죽었구나 싶었던 허균으로선 절체절명絕體絕命과 백척간두百尺竿頭에서 구사일생九死一生 획득.

한 줄 알았는데 엉뚱한 데서 허균 이름이 튀어나온다. 고문받던 김응벽이 던진 폭탄이다.

"서성, 허성, 허균, 김상용이 날마다 김제남 집에 드나들며 음모를 꾸몄습니다."[1]

---

1 《광해군일기 중초본》 광해 5년(1613년 6월 17일).

허균에게 닥친 두 번째 위기. 하지만 김응벽이 영창대군과 연결되는 라인이 희미하고, 김응벽이란 사람 자체가 부실해 모두들 헛소리로 취급했다.[2]

천우신조天佑神助, 하늘이 돕고 신도 도운 행운아. 이 정도면 '아이구 하늘이시여, 이제부터 착하게 살겠습니다' 정도가 일반인 마인드일 텐데 허균은 달랐다.

본격적으로 비뚤어질 테다.

허균은 강력한 방탄막을 장착하기 위해 당대 최고 권력자 이이첨에게 영과 혼과 육을 완전히 내던진다.[3] 사실 허균은 5년 전, 광해군이 즉위하자 바로 이이첨에게 아부 편지를 보낸 적이 있다. 둘은 성균관에서 같이 공부한 동문이기도 했다.

---

2 김응벽은 영창대군을 돌보던 보모 상궁(덕복)의 조카(김순복) 아들이었다.

3 중세 기독교는 인간을 영spiritus, 혼anima, 육corpus으로 구분했다. 소크라테스 시대에 한 덩어리였던 영혼은 영과 혼으로 나뉘어 교파나 인물에 따라 다양하게 정의되었다. 일반적인 구분은 이랬다. 혼은 인간을 비롯한 모든 생명체가 가지고 있는 것, 영은 인간만이 가지고 있는 것. 유럽에 영혼이 있었다면 중국엔 귀신鬼神이 있었다. 고대엔 귀鬼와 신神의 구분이 불투명했지만 시간이 가면서 일반인이 죽으면 귀鬼, 유명 인물이 죽으면 신神이 된다고 믿었다.

"선배님께서 수많은 비난으로부터 저를 구해주셨으니 참으로 감사합니다. 자유와 정의와 공정을 추구하는 지식인들이 형님 밑으로 바글바글 모일 것입니다. 형님, 우리가 남입니까?"

아부 효과는 좋았다. 칠서지옥이 거의 마무리된 1613년 12월 1일 허균은 고위 관직에 오른다.[4]

> 허균이 마침내 화를 피한다 칭하고 이이첨에게 몸을 맡기니 이이첨이 매우 후하게 대우했다. 그때 과거 시험 글이나 상소를 그가 대신 지어준 것이 많았다.[5]

이틀 후, 사간원이 태클을 건다.

"허균은 인간 쓰레기입니다. 잘라야 됩니다."[6]

광해군은 두말없이 허균을 잘랐다. 중국이 자기를 길들일 때 썼던 스킬을 허균에게 적용했다. 이 일로 허균은 아첨이

---

4 예조참의. 정3품이다.

5 《광해군일기 중초본》 광해 5년(1613년 12월 1일).

6 《광해군일기 중초본》 광해 5년(1613년 12월 3일).

더욱 심해졌고, 광해군은 두 달 후인 1614년 초 허균을 호조 참의로 임명한다.[7]

1614년부터 1615년까지 허균은 두 번 연속 사신으로 명나라를 방문하는데, 광해군 사랑을 받기 위해 노력한다. 어떻게?

선조와 광해군을 비하하는 서적, 조선 왕조 족보를 비하하는 서적 등을 죄다 구입해 광해군에게 바쳤고, 이 일을 바로잡을 임무까지 광해군에게 받아 중국에서 여론 작업을 진행했다. 요즘 버전으로 댓글 부대를 운영했다고 봐도 된다. 이 일로 광해군은 허균에게 팍 꽂혀 1616년 5월 그를 형조판서에 임명한다.[8]

실록은 그 책들 일부가 허균 작품이라 의심한다.[9]

---

7 정3품으로 호조판서 비서쯤 된다. 《광해군일기 중초본》 광해 6년(1614년 2월 15일).

8 《광해군일기 중초본》 광해 8년(1616년 5월 11일).

9 《광해군일기 중초본》 광해 7년(1615년 윤8월 8일), 광해 8년(1616년 1월 6일).

105

망나니 칼춤

다시 1613년 칠서지옥으로 가자. 친형을 죽였고 영창대군을 빠져나올 수 없는 올무에 집어넣었으니, 이제 독재자 광해군을 견제할 장애물은 인목대비뿐이다.

인목대비를 제치는 것은 쉽지 않았다. 인목대비는 광해군과 DNA 한 조각 공유하지 않았고 나이도 아홉 살이나 어렸지만 광해군에겐 '법적' 어머니였다. 어머니를 쫓아내는 것은 조선 사회에서 가장 중요한 가치인 충과 효 중 효를 위배하는 행위, 그래서 짐승들이나 하는 짓이었다.

광해군이 직접 나설 수는 없다. 누가 광해군을 위해 망나니 칼춤을 대신 쳐줄 것인가?

106

폐비론

칠서가 열어제낀 지옥문이 500km 반경 안 모든 것을 빨아 당기는 와중에 성균관 유생 겸 이이첨 똘마니 이위경이 상소를 올린다. 1613년 5월 22일이다.

"대비가 안으로는 무속으로 남을 저주하는 짓을 저지르고[1] 밖으로는 역모에 응했으니 어미로서의 도리는 이미 끊어졌습니다. 영창대군은 역적에게 추대되는 등 그 흉계가 여지없이 드러났으니 형제의 정도 자연히 끊어진 것입니다."

---

1 1607년(선조 40년) 선조가 병들었을 때 죽은 의인왕후 귀신 탓이라는 소문이 있었다. 인목대비(당시엔 인목왕후)는 귀신을 쫓기 위해 유릉(의인왕후 무덤)에 허수아비를 묻는 등 주술을 했다고 한다.

인목대비를 대비 자리에서 쫓아내라는 폐비론이 이렇게 출발한다. 광해군 속내를 읽은 이이첨이 띄운 선물이다. 그날 밤 잠자리에 든 광해군 입꼬리가 저절로 올라간다.

'이이첨은 참 일을 잘해.'

이이첨 반대파들은 역모에 몰려 대부분 제거되었기에 조정에서 폐비론을 반대하는 사람은 드물었다.

조정 밖은 달랐다. 전국 유생들이 단합해 의견을 모았다. 이위경을 유적에서 파버리고 '강상죄綱常罪를 저지른 자'라 단죄했다.[2] 수백 명이 연명해 이위경은 물론 관련자들을 처벌하라고 광해군에게 상소를 올린다.

권력은 잡았지만 여론을 무시할 수 없었던 광해군과 이이첨, 감히 인목대비를 쫓아낼 수 없었다.

---

2 유생儒生은 유학을 공부하는 선비, 유적儒籍은 유생들 인적사항을 모아놓은 일종의 데이터베이스다. 강상죄는 윗사람에게 해를 끼친 죄다.

107

입틀막

나라가 이 꼴인데 아무도 이이첨을 탓하지 않았는가?

1616(광해 8년) 12월 21일, 한낱 성균관 유생에 불과한 30세 젊은 선비 윤선도가 탄핵 상소를 올리는데 역대급이다.[1] 누구나 생각했지만 아무도 할 수 없던 말을, 한다.

- 과거 시험이 불공정해서 아빠 찬스 없는 젊은이들이 헬조선을 외치고 있는데, 그 사실을 임금님만 모르십니다.
- 이이첨의 네 아들은 시험지를 빼돌리거나 대리 시험으로 과거를 패스했습니다.

---

1 〈병진소〉.

- 이이첨은 관직 임명권을 통해 관리들을 제 편으로 만들고, 과거 시험에 부정하게 개입해서 유생들까지 제 편으로 만들고 있습니다. 블랙홀처럼 권력을 빨아들이고 있습니다. 전하, 조심하고 또 조심하시옵소서.
- 사간원, 사헌부, 홍문관에서 올리는 말은 전부 이이첨 말입니다.
- 전하께서는 이 사실을 모르십니까? 아니면 아시면서도 용인하시는 것입니까?
- 이런 상소를 올리니 제 목숨은 죽은 것이나 마찬가지겠지요. 하지만 3대에 걸쳐 공직에 뽑힌 은혜를 입었으니 어찌 나라를 위해 바른 소리를 하지 않을 수 있겠습니까?
- 아비는 제 손 잡고 오열했습니다. 상소를 말리면 나라가 망할 것이고, 상소를 허락하면 아들이 죽을 것이니 말입니다.
- 그러니 전하, 부디 제게는 무거운 벌을 내리시더라도 늙고 병든 아비에게는 자비를 베풀어주옵소서. 피눈물 흘리며 간절히 바랍니다.[2]

절대 권력자는 절대로 토론하지 않는다. 토론이, 제가 누리

---

2 《광해군일기 중초본》 광해 8년(1616년 12월 21일).

는 절대 권력을 갉아먹는다고 여기기 때문이다. 그래서 민주주의 반대말은 공산주의가 아니라 불통과 독재, 그리고 입틀막[3]이다.

대통령, 아니 광해군도 그랬다. 윤선도는 임금을 존중하고 나라를 걱정해 이이첨 실체를 폭로했는데, 광해군은 그걸 자신에 대한 공격으로 받아들였다. 윤선도를 귀양 보내는 것으로 작디 작은 제 용량을 훌륭히 증명했다.

사람들은 권력이 두려워 침묵했지만, 침묵으로 이이첨과 광해군에게 유죄 선고를 내렸다. 이 상소 한 장으로 윤선도는 전국구 스타로 떠오른다.

퇴계가 그렇게도 바랐던 파레시아스트, 조선의 소크라테스가 탄생한 것인가?

---

3 반대자나 비판자 입을 강제로 틀어막는 행위를 말한다.

108

쇠파리

1616년 조선 땅에 윤선도를 보낸 '하늘'은 2,000년 전에도 비슷한 인물을 중국 땅에 보냈다.

"하늘은 도덕과 정의가 땅에 떨어진 세상을 깨우칠 목탁으로 공자 선생님을 사용하실 것입니다."[1]

서양에도 보냈다. 소크라테스다.

---

1 공자는 노나라에서 법무 관련 고위 공무원으로 근무하다 잘린다. 머리나 식히려고 위나라에 입국한 공자를 위나라 출입국 관리소 책임자가 독대한 후 평가한 말이다. 이 당시 목탁은 나무 손잡이 끝에 종 모양 금속을 부착한 형태였다. 새로운 법령이나 정책을 백성들에게 발표할 때 목탁을 흔들어 백성들을 모은 뒤 알렸다. 그래서 목탁은 백성들을 가르치고 깨우치는 상징물이었다.《논어》에 나오는 스토리다.

"좋은 유전자를 타고났지만 게으른 말은 반드시 쇠파리[2]가 자극해야 합니다. 나는 신神이 여러분에게 보내신 쇠파리입니다. 언제 어디서나 여러분 등에 내려앉아 여러분 하나하나를 설득하고 꾸짖어서 각성하게 하라고 말입니다."[3]

중국에 공자를 보내고 그리스에 소크라테스를 보냈던 하늘은 광해군에게는 윤선도를 보냈다.

처음이 아니었다. 하늘은 윤선도 이전에 또 다른 쇠파리를 광해군에게 보내 이 정도 메시지를 전했다.

"계속 그렇게 살면, 피똥 싼다."

광해군이 만난 첫 번째 쇠파리, 누구였을까?

---

2 가축이나 사람 피부에 알을 낳고 기생하며 피를 빠는 파리다. 《구약성경》 〈출애굽기〉 네 번째 재앙에 등장하는 파리가 쇠파리다.

3 이어지는 내용이다. "내게 사형 선고를 내리면 나를 대신할 사람을 찾기가 쉽지 않을 것입니다. 나는 신께서 아테네에 내려주신 선물입니다." 플라톤, 《소크라테스의 변론》, 29e.

109

임숙영

1611년 봄에 일어난 일이다. 과거 시험 합격자들 답안지를 슬렁슬렁 훑어보던 광해군, 청년 선비 임숙영[1]이 작성한 답안지를 읽으면서 부들부들 떤다.

실록[2] 기록에서 핵심을 발췌했고, 긴 내용은 각주로 넣었으며, 필자가 '아주 주관적인' 한 줄 평을 달았다.

- 임금이 밟고 선 것은 천위天位이며, 다스리는 것은 천직天職이며, 받들고 있는 것은 천명天命이며, 부지런히 해야 할 것은 천공天功이니, 임금은 마음을 움직이고 대사를 일으킴에 반드시 하늘의 도를 본받습니다故人君所履

1 1576-1623.

2 《광해군일기 중초본》 광해 3년(1611년 3월 17일).

者天位，所治者天職，所奉者天命，所勤者天功，人君動心作事，必法於天之道.

☞ '천공'을 잘못 해석하시면 큰일납니다.

- 전하께서는 이미 하늘을 본받아야 하는 책무를 가지셨고, 또한 하늘을 본받아야 하는 덕을 가지셨습니다. 그러나 규방閨房을 용인하심으로써 하늘이 전하에게 부여한 위엄이 사랑을 이기는 도가 여기에 이르러 폐하여졌습니다今殿下旣有法天之責，亦有法天之德。 然容忍乎閨房，而天之以威克厥愛之道與殿下者，至此而廢矣.[3]

☞ 부인과 처가 식구 불법을 용인하니 이 나라에 법과 상식이 사라졌습니다.

- 규잠規箴을 닫고 막으심에 하늘이 부여한 간언을 따라 성스러워지는 도가 여기에 이르러 폐하여졌습니다閉塞

3 후비后妃(왕비)의 친척과 후궁의 족속은 은택을 희망하고 녹리를 간구하느라 밖으로는 임금의 외척이라는 이름을 빙자하여 그 위세를 떨치고 안으로는 궁궐의 세력을 끼고서 자기들의 욕심을 채우는가 하면, 주의注擬하는 사이에 일을 꾸미고 임명할 즈음에 분주하여 심지어는 일세 사람들로 하여금 구실거리를 삼게 하였습니다. 그리하여 임명 단자가 내려지기도 전에 반드시 물색하여 하나하나 세면서 말하기를 '아무개는 중전의 친척이고 아무개는 후궁의 족속이다. 지금 아무 관직이 비었으니, 반드시 아무개가 될 것이고, 아무 읍에 수령이 비었으니 반드시 아무개가 될 것이다.'고 하는데, 임명 단자가 내려짐에 이르러서는 그 말과 부합되지 않는 적이 드뭅니다.

乎規箴, 而天之以從諫克聖之道與殿下者, 至此而廢矣.[4]

☞ 극우 채널만 구독하고 쓴소리는 멀리하시니 조정에 바른 말이 사라졌습니다.

- 달리고 다투는 길을 열어 놓으심으로써 하늘이 전하에게 부여한 오직 현자를 임용하는 도가 여기에 이르러 폐하여졌습니다開導乎奔競, 而天之以任官惟賢之道與殿下者, 至此而廢矣.[5]

☞ 특정 카르텔 출신만 낙하산으로 꽂으시니 유능한 관리들이 사라졌습니다.

- 안일하고 편안함을 즐기심으로써 하늘이 전하에게 부여한 자강 불식하는 도가 여기에 이르러 폐하여졌습니다 玩愒乎燕安, 而天之以自强不息之道與殿下者, 至此而廢矣.[6]

---

4 오직 어진 신하만이 말을 다할 수 있으며, 오직 밝은 임금만이 간언을 받아들일 수 있는 것인데, 이러한 도를 따르지 않고서 군신의 책무를 다하는 사람은 없습니다. 하물며 국가에 언관을 두는 것은 충간하는 길을 넓히려는 것인데 지난번에 한두 명의 언관이 일을 논하다가 죄를 얻었으니, 이것은 전하께서 언관을 두심이 그의 말을 구하고자 한 것이 아니라, 그의 죄를 구하고자 한 것입니다. 대개 임금의 결점을 보완하는 자가 도리어 임금에게 죄를 얻은 셈입니다. 이로 말미암아 위로 조정에서 아래로 초야에 이르기까지 모두 말을 경계하여 아비는 아들을 경계하고 형은 동생을 경계시켜서 한때의 금기가 되었는데, 이는 언로가 열리지 않는 것입니다.

5 '달리고 다투는 길'로 번역한 한자는 奔競분경이다. 사적 관계나 뇌물로 관직을 구한다는 뜻이다.

6 세금에 법도가 없어 백성이 극도로 곤궁하며, 기강이 날마다 더욱 문란해지고 풍속이 날마다 더욱 파괴되고 인륜이 날마다 더욱 썩어가고 사습士習이 날마다 더욱 낮아지며.

☞ 그렇게 술 마시고 놀러다닐 생각뿐이면, 왜 왕이 되셨습니까?

• 이 때문에 충직한 선비가 가슴을 치고 팔을 걷어붙이고 전하를 원망하지 않는 이가 없는 것입니다 此忠讜之士, 所以痛心扼腕, 不能不恨於殿下者也.

☞ 전하 때문에 나라가 개판입니다.

광해군 부인과 처남, 그리고 이이첨을 싸잡아 비난하는 서슬퍼런 답안지였다.[7]

굶주린 백성들이 회식 중 토하는 명나라 병사들 토사물을 핥아먹겠다고 달려들고, 사람이 사람을 잡어먹어야 했던 임진왜란이 끝난 지 겨우 10년이다. 백성들 삶은 여전히 피폐했다. 특히 1608년 흉년이 들었고, 코로나보다 독한 전염병들이 간헐적으로 발생해 사람들이 죽어나갔다.[8]

나라 꼴이 이 모양인데도 임금 부인, 임금 부인 가족들, 간신배들은 잡은 권력으로 매일매일이 파티다.

---

7 정권 초반 권력추는 이이첨보다는 광해군 처남 유희분에게 기울어 있었다. 광해 4년까지는 정파 사이 다툼이 그리 심각하지 않았다.

8 성혼《우계집》, 유성룡《징비록》, 조경남《난중잡록》.

110

댓글 공작

처갓집을 건드리자 바짝 열 오른 광해군이 임숙영을 합격자 명단에서 빼라고 지시한다. 그러자 두 번째 쇠파리, 강화도 소크라테스 권필이 시로 항의한다.

궁궐 안 버드나무 푸르고 꽃잎 흩날리는데
성 안 가득 벼슬아치들 봄볕에 아양 떠네.
나라가 잘 돌아간다고 국민들을 속이지만
바른말이 포의에게서 나올 줄 누가 알았을까.[1]

▪ **궁궐 안 버드나무** 宮柳(궁류) **- 궁 안에 사는 왕비 류씨**

---

1 《광해군일기 중초본》 광해 4년(1612년 4월 2일). 포의는 삼베로 만든 옷이다. 벼슬하지 못한 선비를 가리킨다. 관직에 오른 선비는 금의錦衣, 비단 옷이다.

- 푸르고 - 유희분(광해군 처남) 등 왕비 가족들 횡포
- 봄볕 - 임금
- 아양 떠네 - 임금에게 바른 소리 하지 않고 아부하는 관료들
- 포의布衣 - 벼슬하지 못한 선비, 즉 임숙영

유튜브는커녕 라디오도 없는 시대였지만 권필이 지은 시는 동네 꼬마들도 흥얼거린다.[2] 모욕감에 바짝 독이 오른 중전과 중전 동생 유희분은 권필을 잡아들여 아작 내고 싶었지만 그럴 수 없었다.[3]

문학은 악한 권력을 처단할 수 없다. 그러나 문학은 악한 권력을 추문으로 만들어 세상에 드러낼 수 있다. 인간을 억압하는 권력이 무엇인지를 또렷이 보여준다.

이듬해인 1612년 봄, 이이첨을 보스로 하는 대북파가 정적

---

2 '여염에 널리 전파되어 있습니다.'《광해군일기 중초본》광해 4년(1612년 4월 2일).

3 권필이 지인 집에서 술을 마시는데 유희분도 그 집을 방문했다. 권필이 유희분을 노려 보며 말한다. "네가 나라꼴을 이렇게 만들었느냐? 나라가 망하면 네 집도 망할 것이니 도끼가 네 목에는 이르지 않겠느냐?" 기가 질린 유희분은 찍소리도 없이 나가버렸다. 이이첨도 권필에게 모욕을 당한 적 있다. 둘 다 야사野史라 정확하지 않을 수 있다.

을 제거하기 위해 댓글 공작을 편다.[4] 예나 지금이나 못된 놈들 하는 짓은 지겹도록 똑같다.[5]

진릉군[6]을 왕으로!

기획 사건이 그렇듯 주어도 없는 공허한 문장이었지만 무고한 사람들이 엮여 와 줄줄이 죽는다. 관련자 집을 수색하

---

4 김직재 역모 사건.

5 에누리 없이 딱 400년 후, 아시아 구석 어느 나라에서 유사한 일이 발생한다. 외적의 사이버 공격을 막으라고 세금 들여 만든 조직이 군 사이버사령부다. 그런데 그 나라 국방부장관이 사이버사령부를 동원해, 외적이 아니라 야당 대통령 후보를 '빨갱이'라 공격하는 댓글 공작을 편다. 국방부장관이 이런 짓을 했으니 논리적으론 그가 빨갱이다. 어쨌든, 이 일을 비롯해 여러 사건으로 그는 징역 2년을 선고받는다. 당시 그를 잡아들였던 검찰의 논리다. "피고인은 각 군을 지휘, 감독하는 국방장관으로 헌법 5조 5항(국군 정치적 중립성)을 위반하고 직권 남용해 법치주의를 크게 훼손했다. 외적의 사이버심리전 대응 필요성을 주장하는 군이 일반 국민으로 가장해 여론조작하고 자유민주주의 가치를 침해했다."
여기서 끝날 줄 알았다. 하지만 기대하시라, 시즌2가 있다. 국방부장관을 잡아들였던 검사는 10년 후 그 나라 대통령이 된다. 대통령 후보 시절부터 '자유민주주의'를 지상 가치로 부르짖던 그 검사는, 대통령이 된 후, 그 피의자를 국방혁신위원회 위원으로 위촉한다. 얼마 후 '너의 죄를 사하노라'며 예수님 코스프레한다. 사면해줬다는 말이다. '자유민주주의를 침해했다'고 집어넣었던 그를 말이다.
이 정도면 그 나라 모든 우파 세력이 분노해서 들고 일어나야 한다. 하지만 다들 침묵했다. 왜 그랬을까? 우파가 뭔지, 어떤 가치를 추구하는지 모르기 때문이다.

6 진릉군은 광해군 이복동생인 순화군의 양자다.

던 중 뜬금없이 권필이 쓴 시가 발견된다. 유희분, 만세 삼창이다.

끌려 나온 권필을 보자 제 손으로 단칼에 죽이고 싶은 충동에 어쩔줄 모르는 광해군. 이덕형과 이항복 등 신망 높은 대신들이 만류한다.

"문학은 문학일 뿐입니다."
"사실을 있는 그대로 보고, 그것을 솔직하게 말하는 사람은 예언자이며 시인입니다."[7]

할 수 없이 광해군은 곤장과 유배로, 부인과 처남을 위한 복수극을 반쯤 완성한다.

---

7 윌리엄 블레이크William Blake(시인이자 화가)가 말했다. "인간을 파괴하려거든 예술을 파괴하라. 가장 졸작에 최고 값을 주고, 뛰어난 것을 홀대하라. 사실을 있는 그대로 보고 그것을 솔직하게 말하는 사람이야말로 예언자이며 시인이다."

111

마지막 시

권필이 배정받은 유배지는 한반도 북쪽 끝, 함경북도 경원이었다. 고문으로 엉겨 붙은 사지를 하나하나 떼어내 겨우 시작한 발걸음은 몇 시간도 채우지 못하고 동대문 근처 주막에서 멈춰야 했다. 뜨끈한 봉놋방에 누우니 며칠 전 썼던 시가 떠오른다.

> 한평생 옳은 말을 시로 전했지만
> 사람들은 오히려 날 조롱하네.
> 이제 죽는 날까지 붓을 꺾으련다.
> 공자 역시 '말이 없고자 한다'고 했으니.

그게 마지막 시가 된다. 목이 마르다며 술을 청한 권필은 한 대접을 힘겹게 마신 후 숨을 거둔다.

112

권필 죽음

내 피를 만져본 적 없는 사람들이

내 시에 대해 무슨 말을 할까.[1]

1 칠레 시인이자 정치가 파블로 네루다Pablo Neruda(1904-1973)가 썼다.

113

볼 수 없는 내 친구

나중에 광해군을 몰아낸 인조는 권필을 불쌍히 여겨 제물과 제문을 보내 제사를 지내게 하고 자손들에게 벼슬을 내렸다.[1]

이안눌은 권필보다 세 살 어렸지만 어릴 때부터 친구로 지냈고 과거 시험도 함께 공부한 절친이다. 죽은 친구를 그리며 이안눌이 썼다.

내게 귀가 있다는 게 한스럽다.
천재 시인 죽었단 소리 들리다니
내게 눈이 있다는 게 한스럽다.
다시는 내 친구 볼 수 없으니

1 《인조실록》 인조 1년(1623년 4월 11일).

114

폐비 공작

권필을 진즉에 죽이고(1612), 윤선도를 멀리 쫓아버리기(1616)는 했지만 광해군 역시 뒷맛이 찝찝했다. 은근히 기분도 나빠진다.

'처가 식구들이 나라를 분탕질하는 거야 400년 후에도 변함없을 테니 노 프라블럼. 하지만 이이첨 저자도?'

광해군이 반쯤 정신 차릴 위험이 감지되자 이이첨은 신뢰를 회복할 수 있는 강력한 한 방, 인목대비를 쫓아낼 수 있는 폐비론에 승부를 건다. 그가 동원한 무기는 허균이었다.

115

끝없는 욕심

허균이 여종 남편 김윤황을 은밀히 부른다.[1] 편지 묶은 화살을 건네주며 경운궁(덕수궁) 안에서 발견한 것처럼 상부에 보고하라고 명령한다. 문서 내용은 대충 이랬다.

- 서자가 감히 왕위에 올랐다.
- 아버지를 독살하고 어머니를 가두었다.[2]
- 형을 죽이고 동생도 죽였다.[3]

인목대비가 이에 호응하는 것처럼 꾸며, 즉 역모를 꾸민

---

1 1617년 1월 18일.

2 광해군이 선조를 독살했다는 소문이 있었다.

3 형은 임해군, 동생은 영창대군.

것처럼 엮어 폐비론이 들고 일어나도록 설계한 문서였다. 참으로 허술한 음모다. 여러 사람 고발로 광해군도 화살 주인이 허균임을 알게 되지만 폐비론을 완성하기 위해 짐짓 모른 척했다.

加人不根之謗者 必有無故之災 가인불근지방자 필유무고지재

가짜 뉴스 만들어 남을 비방한 사람은 반드시 천벌 받는다.

진심으로 그랬으면 좋겠고 반드시 그러기를 바란다. 어쨌든 댓글 공작 부대가 여럿 달라붙었는지, 폐비 여론이 활활 불붙는다. 가짜 뉴스와 댓글 공작은 이렇게 해롭다.

"예로부터 요사스런 왕후가 변란을 일으킨 사실을 내리 찾아보아도 이처럼 심한 경우는 없는데 신하된 사람들이 아직도 그와 한 하늘 아래서 살고 있으니 이보다 더한 수치가 어디에 있겠습니까?"[4]

제 잇속에 눈먼 정치인들이 가짜 뉴스를 생산하고, 극우 유튜버와 황색 언론이 이를 확대하며 재생산하고, 댓글 부대가 극성스럽게 분위기를 잡아주며, 선지자인 양 극우 종교인들

---

4 《광해군일기 중초본》 광해 9년(1617년 11월 24일).

이 신적 권위까지 부여해주니 거짓말은 어느새 신성불가침한 진리가 된다.

사람들 입방아에 산조차 떠내려가고
모기 소리라도 모이면 천둥이 된다.
이놈저놈 모여들면 호랑이도 때려잡고
열 놈만 모여도 쇠막대 구부린다.[5]

마침표는 허균이 찍는다.

"우리 임금을 해치려 한 자는 우리 원수입니다. 그런 원수에게 절을 한다면 이보다 더 억울하고 원통할 일이 어디 있겠습니까? 끝까지 어머니(인목대비)를 지키려 하는 것은 전하의 도리이지만 불의를 제거해 정의를 수호하는 것은 우리 신하들의 책임입니다."[6]

몇 달 후 인목대비는 대비 타이틀을 잃고, 사는 곳을 따라 서궁西宮[7]이라 불린다. 대비가 받던 모든 예우도 금지당하고

---

5 중국 한나라 역사서 《한서》에 나온다.
6 《광해군일기 중초본》 광해 9년(1617년 11월 25일).
7 경운궁.

후궁으로 간주된다.[8]

여론 조작 공로를 인정받은 허균은 1617년 12월 12일 좌참찬(정2품)에 오른다. 허균 인생이 절정으로 치달았다.

권력은 매혹적이라 사람을 혼수상태에 빠뜨리는 법이다. 허균은 이이첨에게 붙어 갑자기 참찬 벼슬에 오르자, 드디어 끝없는 욕심을 낸다.

허균은 계속 승승장구했을까?

8 실록 기록이 애매한데 1618년 1월쯤이다. 다만 중국 허락을 받지 못해 법적으로는 계속 대비였다.

116

허균 댓글 공작

폐비론을 반대하며 허균과 날카롭게 맞섰던 영의정 기자헌은 파워 싸움에서 졌다. 함경북도 길주로 유배간다. 그러자 제대로 '빡친' 기자헌 아들 기준격이, 허균으로부터 직접 배웠던 제자가, 스승 허균을 역모죄로 고발한다. 고발장 내용이 길고 과장한 부분도 있지만 핵심은 한 줄이다.[1]

칠서지옥 때 죽은 김제남 윗선은 허균이다.

처음엔 반향 없는 외침이었지만 해를 넘겨 1618년 봄이 되자 역적 허균을 조사하라는 여론이 형성된다. 게다가 든든한

1 《광해군일기 중초본》 광해 9년(1617년 12월 24일).

후원자 이이첨마저 허균을 괘씸하게 여기기 시작한다.[2] 허균에게 닥친 세 번째 위기.

허균은 이상한 방법으로 돌파를 시도한다. 심복들을 시켜 한밤중 남산에서 유언비어를 유포했다.[3]

"여진족이 쳐들어올 것이고 오키나와 사람들은 벌써 국내에 잠입했다. 목숨을 구하려면 빨리 서울을 벗어나라."

오랑캐라 멸시했던 누르하치가 후금을 세우고 명나라를 공격하는 전대미문 사건이 압록강 너머에서 벌어지고 있는 중이었다. 즉, 팩트에 기반한 유언비어였다. 게다가 임진왜란이 고작 20년 전 일이다.

새빨간 거짓말보다 진실이 약간 섞인 거짓말이 더 무섭다. 사람들이 쉽게 속기 때문이다. 절반의 진실은 진실이 아니라

---

2 세자빈이던 이이첨 외손녀가 아들을 낳지 못하자 허균은 자기 딸을 세자 후궁으로 넣으려 했다. 어쩌면 미래 권력이 이이첨에서 허균으로 옮겨갈 수도 있는 사건이었다.

3 《광해군일기 중초본》 광해 10년(1618년 8월 24일) 6번째 기사. 허균이 역성혁명을 일으키려 했다는 주장이 있는데 근거가 부족하다. 반역을 일으킬 객관적 동기가 없었다.

거짓말이다. 허균 심복들은 대규모 부대를 꾸려, SNS는 물론 쿠팡과 당근에도 댓글을 단다.

찐 서울보다는 그냥 서울이 낫고

그냥 서울보다는 아웃 서울이 낫다.

사람들은 깊이 생각하는 데 익숙하지 않기 때문에 그럴듯하면 받아들인다. 유언비어는 사람들 입을 거치면서 사실로 둔갑하고, 어느 순간 정보 출처는 잊힌다. 허균 댓글 공작에 반응해 서울 시민들이 서울을 버리기 시작한다.

117

인간은 행동으로 말한다

서울이 서서히 비어가자 광해군은 극약처방을 꺼낸다. 효수梟首다.[1]

"유언비어 때문에 피난가는 서울 시민들이 부쩍 늘어 교통체증이 사라질 정도다. 경찰, 검찰, 국정원은 관련자들을 색출해 목을 베어라."[2]

"시민들을 안심시켜야 할 정치인, 관료, 지식인까지도 유언

1 정조 때도 비슷한 일이 있었다. '오랑캐 기병이 갑자기 쳐들어왔고, 해적이 가까운 곳에 정박했다'는 유언비어가 퍼지자 하루 만에 수원, 평택, 과천, 인천, 부평 주민들이 피난을 떠났고, 경기도와 충청도 일대가 혼란에 빠졌다.《정조실록》정조 11년(1787년 4월 19일, 4월 25일). 효수는 죄인 목을 베어 높은 곳에 매달아놓는 형벌이다.

2 《광해군일기 중초본》광해 10년(1618년 6월 8일).

비어를 믿어 여차하면 도망가려 미리 이삿짐을 서울 밖으로 빼내고 있다니 참으로 놀랍다. 이런 경우도 엄하게 처벌할 것이라 알려라."[3]

"서울 시내가 갈수록 허전해지고 있다. 이유 없이 서울을 떠나는 자는 목을 쳐서 본보기로 삼아라."[4]

강압만으론 사람들 마음을 잡을 수 없다. 어떤 신하가 백성들 눈물선을 건드리시라 건의하자 광해군이 그대로 따라 한다.

"혹시 전쟁이 나더라도 임진왜란 때처럼 너희 서울 시민들을 버리지는 않겠다."[5]

디테일이 약하다며 비변사가 충고하자 멘트를 보강한다.

"혹시 서울을 버리게 되더라도 너희들과 함께 갈 것이다."[6]

닭살 멘트도 계속하니까 는다.

---

3 《광해군일기 중초본》 광해 10년(1618년 6월 9일).

4 《광해군일기 중초본》 광해 10년(1618년 6월 9일).

5 《광해군일기 중초본》 광해 10년(1618년 6월 10일).

6 《광해군일기 중초본》 광해 10년(1618년 6월 12일).

"적들이 쳐들어오면 내가 직접 군대를 이끌고 성 앞에서 적들을 막을 것이다. 나를 믿어라. 제발 좀 믿어다오. 플리즈."[7]

임금이 저렇게까지 말하는데, 라며 믿는 이도 생겨났다. 하지만 정치인은 행동으로 말한다. 물가가 폭등해 대학생들이 하루 한 번으로 끼니를 마감하고 난방, 전기, 교통비 등 안 오른 게 없다. 그렇게 백성들 삶이 나락으로 빠지는데 임금은 무속에 빠져 궁궐 공사에 막대한 비용을 쏟아붓고 있다.

광해군은 인경궁 공사 현장에 직접 가서 진행 과정을 살피고 빨리 마무리하라 독촉했다(1618년 6월 19일). 궁궐 공사에 쓰일 석재 수급 상황까지 직접 챙겼다(1618년 6월 29일).

"겨울이 오면 춥고 해도 짧아져 두 군데 궁궐 공사가 진행되기 어렵다. 서둘러라."[8]

저런 인간은 믿을 수 없다며 시민들은 계속 서울을 떠났다.

---

7 《광해군일기 중초본》 광해 10년(1618년 6월 18일).

8 《광해군일기 중초본》 광해 10년(1618년 6월 29일).

텅 빈 서울

"어쩌다 이 지경까지 왔는지 모르겠다."

"간사한 자들이 선동해서 이렇게 된 것인가?"

"몹시 안타깝고 슬프다. 관계 당국은 빨리 선동자들을 잡아내라."[1]

다음 날도 광해군은 탄식한다.

"서울이 텅 비었다 하니 도대체 어찌된 일이냐?"[2]

그럼에도 사정은 더 나빠진다. 서울을 버리는 사람들이 많

1 《광해군일기 중초본》 광해 10년(1618년 8월 3일).

2 《광해군일기 중초본》 광해 10년(1618년 8월 4일).

아 새벽에도 길이 막힐 정도였다.[3]

왜 서울이 텅비는지 모르겠단다. 광해군은 머리가 나쁜 걸까, 머리가 아픈 걸까?

3 《광해군일기 중초본》 광해 10년(1618년 8월 7일).

119

끝내 하지 못한 말

허균이 마지막 한 방으로 '아웃 서울 프로젝트'에 쐐기를 박는다. 8월 10일 허균 심복 하나가 남대문에 대자보를 붙인다. 내용은 서궁에 던져넣은 격문과 비슷한데 한 줄 추가다.

백성을 위로하고
광해군을 벌하러
하남대장군이 올 것이다.

아마 이즈음이었을 터. 이이첨은 허균을 제거하기로 결심한다.

'이놈과 엮이면 나까지 죽겠구나.'

반년 넘게 대검찰청 캐비닛에 묵혀 두었던 사건, 역모 피의자 허균과 역모 고발자 기준격이 8월 17일 나란히 의금부에 수감된다. 이이첨은 메신저를 보내 허균을 회유했다.

"잠깐만 참고 지내면 반드시 이 상황을 벗어날 수 있다네."

"자네 딸이 후궁으로 들어가게 되었는데 뭐가 걱정인가. 자네에게 아무 일도 없을 것은 내가 보장하네."

듣고 보니 그럴듯해 허균은 잠자코 이이첨 말을 따른다.

8월 24일 광해군이 친국親鞫[1]에 나선다.

광해군: 물어볼 것을 물어본 뒤에 처형을 하는 것이 어떻겠는가?

이이첨: 일당들이 승복했으니 물어볼 게 뭐 있겠습니까. 처형을 미루시면 여론만 안 좋아질겁니다. 감당이 되시겠습니까?

박홍구: 반역을 도모한 것은 팩트입니다.

한찬남: 처형을 미루시면 백성들이 '임금이 물러 터졌어. 역시 서자는 안돼'라고 할지도 모릅니다.

---

1 왕이 중죄인을 직접 신문訊問하는 일.

유희발: 오늘 처형하지 않으면 그나마 10%대를 간신히 유지하는 지지율이 한 자리 수로 폭망할 것입니다.

광해군: 아니, 그게 아니고, 처형하지 않겠다는 말이 아니라 죄인들 의견을 좀 들어보겠다는 건데.

이이첨: 말할 기회를 주면 허균은 그 간악한 혀로 전하를 홀릴 것입니다.

실록은 이렇게 정리한다.

왕이 군신들 협박을 받고 어쩔 수 없이 따랐다.

어럽쇼, 허균은 뭔가 잘못되었음을 깨닫고 발버둥쳤으나 왕을 비롯해 모든 사람들이 시선을 돌린 채 아무 말도 않는다. 그렇게 끌려나간 허균은 길거리에서 허무하게 목이 잘린다. 허균이 세상에 남긴 마지막 말이다.

"하고 싶은 말이 있다."[2]

---

2 《광해군일기 중초본》 광해 10년(1618년 8월 24일 8번째 기사).

120

백 년도 못 살 인생

허균은 강릉 외갓집에서 태어났다. 허균 본인 피셜, 오대산 줄기 하나 용처럼 꿈틀대며 동쪽으로 내려오다 바다를 만나 39m짜리 야트막한 언덕(사화산)이 되었다. 언덕 옆으로 개울이 흘렀고 그곳에 신령스럽게 생긴 큰 바위가 있었다. 바위 밑엔 늙은 이무기가 살았다.

여름이 끝나도 몰려오는 서퍼들 때문에 시끌시끌 부아가 치민 이무기, 집으로 삼던 바위를 두 동강 내고 친구 사는 양평 떠드렁산으로 거처를 옮긴다.

그제야 사람들은 이무기 생육환경에 소홀했음을 반성하고, 뒤늦게 바위에 이름을 짓는데 교문암蛟門岩이다. 이무기가 바위에 문처럼 구멍을 뚫었다는 의미다.

교문암에서 도보로 한 시간 거리인 허균 외가 동네 사람들은 교문암을 벤치마킹해 동네 뒷산을 교산蛟山이라 불렀다. 현재 강릉 사천진 해수욕장 앞에 있는 조그만 산이다.

허균은 이무기 스토리에 마음이 동했는지 제 호를 교산蛟山이라 지었다. 교蛟는 용이 되지 못한 이무기다. 허균은 용이 되고 싶었던 걸까?

물 밑에 천 년 묵은 이무기 한 마리
꿈틀꿈틀 바닥을 기어다니네.
이따금씩 토해내는 용트림
연기처럼 아득히 흩어지지만
언젠가 천둥 폭우 일으키며
하늘 위로 높이 올라가리라.

허균이 20대 후반, 지병을 치유하기 위해 낙산사 템플 스테이에 참가했을 때였다. 주지 스님이 말한다.

"부귀와 명예를 구하느라 괴롭느냐? 다 내려놓고 부처님께 귀의해라."

하지만 세상 욕심 내려놓기엔 피가 뜨거웠다.

내 몸을 유마 대사[1]께 의지해서

스님과 동행해 부처님을 모시고 싶습니다.

화끈하게 출세부터 한 후 내려올 테니

그때가 되면 방 하나 내어주십시오.

불교를 믿는다는 이유로 삼척부사 취임 13일 만에 잘린 39세에 지은 시다.[2]

오랫동안 불경을 읽었던 것은

어디에도 마음 붙일 데가 없어서다.

인생은 운명 따라 사는 것.

기원정사로 돌아갈 꿈이나 꿔야겠다.

쓴 대로, 말한 대로 살았다면 어땠을까?

---

1 비말라키르티Vimalakirti, 한자로 음역해 유마維摩다. 부처님 살아계실 때 출가하지 않고 속세에서 제자로 살았던 인물이다. 깨달음이 대단해 《유마경》 주인공이 된다.

2 《선조실록》 선조 40년(1607년 5월 5일).

121

허균은 개돼지

허균이 사망하자 광해군이 교서教書[1]를 반포한다.

"허균은 행실이 개돼지와 같았다."

다음 말은 이렇다.

> 윤리를 어지럽히고 음란을 자행하여 인간으로서의 도리가 전연 없었으며, 윤기를 멸시하고 상례喪禮를 폐지하여 스스로 자식의 도리를 끊었다. 붓을 놀리는 자그마한 기예로 출세하여 등급을 건너뛰어 외람되이 작위를 차지하여 녹을 훔쳤다.[2]

1 임금이 내리는 명령서.

2 《광해군일기 중초본》 광해 10년(1618년 9월 6일).

122

민중은 개돼지

2016년 7월, 교육부 정책을 총괄하는 정책기획관 하나가 기자에게 말한다.

"민중은 개돼지로 취급하면 된다. 개돼지로 보고, 먹고 살게만 해주면 된다."

비난 댓글이 쏟아진다.

> "국민이 개돼지라면 학생들은 교육부가 아니라 농림부에서 관리하냐?" _네티즌
> "트럼프조차 감탄하게 만들 거친 발언." _〈LA타임즈〉
> "개돼지가 내는 세금을 먹고사는 기생충." _소설가 조정래

"국가도 가끔씩 구충약을 복용해야 합니다." _진중권

뇌가 아픈 정치인도 당연히 있다. 많다.

"조리사라는 게 아무것도 아니거든. 그냥 어디 간호조무사보다 못한 그냥 요양사 정도라고 보시면 돼요."

"생산성 낮은 하급 공무원은 추첨으로 뽑아라."

"알바 월급 떼여도 신고하지 않는 게 공동체 의식이다."

조리사, 간호조무사, 요양사, 하급 공무원, 알바생을 개돼지로 보는 발언, 한 국회의원이 던진 말이다.

왜 저들은 우리를 개돼지로 볼까? 루마니아 독재자 니콜라에 차우셰스쿠Nicolae Ceausescu 부인 엘레나가 말했다.

"벌레들은 만족을 몰라요. 먹이를 아무리 많이 줘도 소용없죠."

123

게으른 개

재수 끝에 스위스 취리히 공대에 들어간 젊은 아인슈타인은 헤르만 민코프스키Hermann Minkowski라는, 당대 최고 수학 교수 수업을 수강했다. 스승은 제자를 몰라봤고 제자 역시 스승이 그저 그랬다. 민코프스키는 아인슈타인을 이렇게 불렀다.

"게으른 개."

훗날 민코프스키는 아인슈타인이 이룬 성취를 기뻐하며 말했다.

"이렇게 훌륭한 업적을 남길 것이라고는 꿈에도 생각하지 못했다."

124

개들에게 미안

중국 강주 진씨 집안은 700여 명이 한집에 사는 슈퍼 대가족이었다. 믿기 힘들지만 가족 모두 모여야 밥을 먹었다.

그러자 같이 살던 반려견 100여 마리도 한 우리 안에서 밥을 먹었다. 한 마리라도 오지 않으면 아무도 먹지 않았다.[1]

키우는 개도 주인을 닮는다.

경상북도 구미에 가면 의구총義狗塚, 의로운 개 무덤이 있다. 술 취해 잠든 주인을 향해 산불이 번지자 온몸에 물을 묻혀 불 끄기를 수없이 반복한 후 탈진해 죽은 개다. 선비 홍직

1 《소학》.

필[2]이 감동하여 시를 지었다.

> 의로운 개가 목숨 바친 곳.
> 가던 길 멈추고 비석을 본다.
> 술 취해 잠든 주인은 일어나지 않고
> 바람에 번진 불 주인을 태우려 하자
> 몸을 던져 주인 목숨 구했네.
> 대가를 바라고 제 목숨을 바쳤겠는가?
> 구차하게 사는 인간들
> 이 무덤 본다면 부끄럽겠지.

뉴스를 보면 혹은 거울을 보면 드는 생각이다.

인간은 정말 개보다 나은가?

---

2 1776-1852.

125

아들을 죽여야 했던 어미

다시 1613년 칠서지옥으로 가자. 친정아버지(김제남)와 동생들이 역모에 얽히자 인목대비가 광해군에게 편지를 보낸다.[1]

"내 아들(영창대군) 때문에 아비와 동생에게 화가 미치니 어찌 가만히 있겠습니까. 내 아들을 데려가 마음대로 하시고 아비와 동생은 풀어주시오. 내 머리카락을 동봉합니다."[2]

광해군이 답한다.

---

1 선조가 살아 있을 때는 왕비라 인목왕후지만 선조가 죽고 나선 인목대비다.

2 《계축일기》 내용이다. 인목대비 측근이 기록한 것이라 정확성은 떨어진다.

"병으로 돌아가신 형님(임해군)을 내가 독살했네, 아버지(선조)도 내가 죽였네, 아버지 궁녀와 관계를 가졌네, 이런 소문을 내셨다고 하던데요. 옛말에 원수는 같은 하늘 아래 살 수 없다고 했습니다.[3] 다시는 이딴 글 보내지 마세요. 보내신 머리털은 반품합니다."

인목대비 노력에도 아버지는 죽는다. 다음 타깃은 아들 영창대군이었다.

"영창대군을 죽이자는 신하들 주장을 지금까지 쉴드 쳐왔는데 이제 저로서도 더 이상 버티기가 힘듭니다. 영창대군을 눈에 안 보이는 곳에 보내면 신하들도 잊어버릴 겁니다. 이렇게 좋은 뜻으로 영창대군을 내놓으라 했는데 받아들이지 않으시니 이제 나도 모르겠습니다. 계속 이렇게 영창대군을 숨기면 살리기 힘드실 듯."

버티기는 힘들다고 판단한 인목대비, 한 번 더 딜을 한다.

"영창대군을 내어주겠소. 대신 내 동생들 생명은 보장해주시오. 우리 가문 대는 이어야 하지 않겠소?"

---

3 불구대천지원수不俱戴天之怨讐라고 한다.《예기禮記》에 나온다.

광해군이 기뻐 답장한다.

"동생들은 살려드리겠습니다. 빨리 영창대군을 내어주십시오. ASAP[4]."

인목대비 행동을 어떻게 이해해야 할까. 아들은 어차피 죽은 목숨, 동생들이라도 살려 훗날을 도모하려는 마음이었을까?

살아생전 할아버지 김제남 역시 손자가 걸어갈 운명을 깨달았다.

"영창대군이 아무리 어린아이라도 일단 역모에 얽힌 이상 죽음을 피할 수 없습니다. 제가 영창대군과 함께 죽겠습니다."[5]

---

4 as soon as possible(가능한 한 빨리).

5 "대군이 아무리 어미 젖에 매달리는 소아라 할지라도 일단 불측한 이름을 지니게 된 이상 보전될 수는 없을 것입니다. 따라서 자전께서 만약 그를 내보내어 신에게 붙여주신다면 신이 그와 죽음을 함께 하고 싶은데 자전께서 죽음을 같이 하려 하시면서 내어놓지 않으려 하시니 신이 어떻게 주선해 볼 수도 없습니다. 이밖에는 신이 더 진달드릴 말씀이 없습니다."《광해군일기 중초본》 광해 5년(1613년 5월 6일 12번째 기사).

126

가족이 죽는다는 것

인목대비가 겪은 가족들 죽음이다.

아버지 김제남은 서소문 근처에서 사약을 받고 죽는다.
아버지 사망 소식을 사망 3일 후에야 전해 듣는다.[1]
죽은 아버지는 3년 후 부관참시로 다시 죽는다.[2]

오빠(김내)는 고문 끝에 곤장에 맞아 죽는다.
두 남동생(김규, 김선)도 곤장에 맞아 죽는다.
그때 동생들은 10대였다.

---

1 《광해군일기 중초본》 광해 5년(1613년 6월 4일).

2 《광해군일기 중초본》 광해 8년(1616년 8월 24일). 무덤을 파고 관을 꺼내 시체를 훼손하는 게 부관참시다.

하나밖에 없는 아들은 강화도로 유배 간다.

밀폐된 방에 불을 때 죽였다.[3]

겨우 아홉 살이었다.

'엄마 똥을 맛보면 엄마가 오래 산다고 합니다'라는 궁녀 장난을 진담으로 받아들이고 엄마 똥을 맛보면서 눈살 하나 찌푸리지 않은 아들이었다.[4]

어떤 이유든 이별은 슬프다. 예정된 것이었다면 서럽고, 갑작스러운 것이라면 더 서럽다.

---

3 강화부사 정항은 영창대군에게 모래 섞인 밥을 줘 굶겨 죽이려 했다. 빨리 죽이려고 온돌에 불을 때서 아주 뜨겁게 해서 태워 죽였다.《광해군일기 중초본》 광해 6년(1614년 1월 13일). 강화도로 유배된 임해군을 목 졸라 죽인 이가 이정표였다. 나중에 광해군은 그를 포도대장으로 임명했다. 영창대군을 강화도로 호송한 것도 이정표였다. 그는 강화부사 정항과 함께 영창대군을 죽인다. 5개월 뒤 그는 강화부사로 승진한다.

4 영창대군 묘지명에 나오는 내용이다.

127

살아도 사는 게 아닌

당나라 사람 장공예 집안은 9대를 내려오며 수백 명 자손들이 한집에서 살았는데, 믿기 힘들지만 화목했단다. 구세동거九世同居다. 당나라 고종 황제가 장공예를 불러 비결을 물으니 말없이 '참을 인忍'을 써서 올린다. 무려 백 번이나. 그래서 백인百忍이다.[1] 응용해서 서백書百으로 쓰기도 한다.[2]

인목대비가 가장 존경하는 인물이 장공예였다. 왕비가 된

1 《소학》.

2 '서백'은 백 번 쓴다는 뜻이다. 경주 양동마을은 유네스코가 지정한 세계문화유산이다. 마을 가장 안쪽 고지대, 명당 느낌 가득한 지점에 양동마을 시초라 할 수 있는 송첨고택이 있다. 무려 1459년에 지었다. 송첨고택 사랑방 이름이 서백당書百堂이다.

후에도 벽에 '百忍'이라 써 붙이고 아침마다 마음을 살폈다.[3] 그래서일까. 광해군이 자신을 경운궁에 가두고 군사들을 배치해 옴짝달싹 못 하게 할 때도 참았다.

경운궁에 갇혀 궁을 벗어날 수 없었다.
구더기가 방 안과 솥 위에까지 기어다녔다.
지붕에 새 똥이 가득해 악취를 견딜 수 없었다.
짐승 똥에서 발견한 씨를 심어 나물을 키워 먹었다.
쓰레기를 배출하지 못해 궁 안에 썩은 냄새가 가득했다.

인내 고수도 고독은 참기 힘들었다. 궁은 큰데 사람이 적어 밤이 되면 모두들 무서워했다. 하지만 광해군은 궁에 거주하는 인력을 차곡차곡 줄였다. 1623년(광해군 15년)엔 죽은 나인[4]들 종을 모두 퇴실시키라는 명령을 내렸다. 대비가 간청한다.

"궁은 큰데 사람이 없어 너무 외롭소. 무서워 못 살겠소."

들은 체도 않는 광해군이다.

---

3 《인조실록》 인조 10년(1632년 10월 6일).
4 궁궐 안에서 임금, 왕비, 왕세자 등을 모시는 여인.

128

이해할 수 없는 인사

광해군은 눈엣가시를 다 제거했다. 그 난리를 치고 잡은 절대 권력, 이제 광해군은 국정을 제대로 운영할까?

칠서지옥 몇 년 후, 짤막한 노래 하나가 음원차트를 올킬한다.

> 더덕 정승 권세가 제일인 줄 알았더니
> 잡채 판서 권세는 당할 자가 없나 보네.

더덕 정승과 잡채 판서, 무슨 뜻일까?

한효순[1]은 태백산맥 깊은 골짝 이슬만 먹고 자란 더덕으로

---

1 1543-1621.

속을 꽉 채운 꿀떡, 즉 맛과 건강을 동시에 잡은 쉽지 않은 레시피로 광해군 입맛을 사로잡았다. 실록은 '맛이 희한'했다고 전한다. 그렇게 한효순은 1616년 10월 5일 우의정에 오른다.

이충[2]은 당면 베이스에 31가지 토핑을 가미한 잡채로 광해군 입맛을 장악했는데, 광해군은 '반드시 이충의 집에서 만들어오는 음식을 기다렸다가 수저를 들었다'고 한다. 이충 역시 이런 스킬로 형조판서를 거쳐 1616년 11월 16일 호조판서를 역임한다.[3]

정치도 잘하고 음식도 잘 만들면 좋지, 라고 할 순 없다. 나약하고 무식해서 모든 사람들이 하찮게 여긴 한효순은 젊었을 땐 명망이 있었으나 늙어 죽을 나이에 이이첨에게 빌붙어 수단과 방법을 가리지 않고 갖은 아첨으로 벼슬을 높였다. 이이첨이 지시하는 대로 했기 때문에 한효순이 오래도록 이조판서로 있었으니, 실은 이이첨 칼자루였던 셈이다. 사람들이 한효순은 반드시 큰일을 저지를 것이라 수근거렸다.[4]

---

2 1568-1619.

3 沙參閣老權初重, 雜菜尙書勢莫當사삼각로권초중, 잡채상서세막당 《광해군일기 중초본》 광해 11년(1619년 3월 5일). '김치 판서', '김치 정승', '잡채 참판'으로 기록한 문서들도 있다.

4 《광해군일기 중초본》 광해 8년(1616년 10월 5일), 광해 13년(1621년 11월 15일). 한효순은 이순신과 수군 강화에 힘쓰기도 했다.

이충은 탐욕 많고 사나웠으며 사람 목숨을 가볍게 여겼다. 배에서 갓난아기가 울자 강에 던져버렸다는 실록 기록이 있을 정도다. 기이하고 음란한 재주로 임금 비위를 맞추면서도 부하직원들에겐 엄하고 혹독한 형벌을 가했다. 궁궐 재건 등 토목공사를 크고 화려하게 진행하기 위해 백성들을 수탈했다.[5]

둘 다 고위 공무원은 물론 공직 근처에도 가서는 안 될 사람들이다. 이성으로는 이해할 수 없는 인사가 계속되니, 사람들은 이들이 더덕과 잡채로 광해군을 사로잡아 벼슬을 얻었다고 단정하고 더덕 정승, 잡채 판서라 조롱했다. 실록에까지 실릴 정도였으니 노래 인기가 대단했던 듯하다.

설마 음식으로 그랬을까. 뇌물과 인맥으로 고위직에 오른 이와 그런 일을 허락한 왕을 싸잡아 비난하던 백성들 마음이 아니었을까?

---

5 《광해군일기 중초본》 광해 7년(1615년 12월 21일), 광해 11년(1619년 3월 5일).

129

이해할 수 없는 공사

왜군에 쫓겨 피난 갔던 왕이 돌아왔으나 왕이 살 집(경복궁, 창덕궁, 창경궁)은 전쟁 중 모두 파괴되었다. 선조는 월산대군(성종 형) 저택과 주변 민가 몇 채를 개조한 정릉동 행궁[1]으로 들어간다.

법궁이자 제일 '뽀대'나는 경복궁을 재건해야 했다. 하지만 전쟁이 초래한 물가 폭등으로 특권층을 제외한 모든 백성이 고통받고 있는 마당에 대형 공사를 감행할 수는 없었다. 고통받고 있는 그 백성들이 돈과 노동력을 제공해야 하기 때문에.

지금이나 그때나 고난 속에서도 착한 백성들, 우리는 누추

1 서울시 중구 정동.

하게 살더라도 나랏님은 그래선 안 된다며 십시일반 돈을 모아 궁궐 건립 기금을 조성한다.[2] 이리저리 여론을 총합한 선조는 규모가 작아 수리 비용도 적게 드는 창덕궁을 고쳐 사용하기로 한다. 공사는 1605년부터 시작했는데 안타깝게도 선조는 새집 완공 직전에 사망한다. 공사는 광해군이 즉위한 후 얼추 완성된다.

여기서부터 이상한 일이 벌어진다. 없는 살림 박박 긁어 궁궐을 신축 수준으로 리모델링했는데, 집주인이 입주를 거부한다. 낡고 좁은 정릉동 행궁에 계속 눌러 살겠단다.

'이런 미친' 따위 욕이 편도선까지 올라왔으나 간신히 참아내는 대신들, 정중히 입주를 부탁하지만 광해군은 공식 행사 있을 때만 잠시 들를 뿐 기약 없이 입주를 거부한다. 기왕 놀릴 거면 임대라도 주던가.

도대체 제 집 들어갈 생각조차 없어 보이던 광해군, 1610년 새해가 밝자 또 다른 궁궐 건설 계획을 발표한다. '이런 미친'을 간신이 삭이며 사간원이 호소한다.

---

2 《광해군일기 중초본》 광해 2년(1610년 1월 7일).

"궁궐이 모두 불타버려 임금이 누추한 가정집에 사는 것을 백성들이 걱정했습니다. 굶주린 백성들이, 그래도 임금 자존심을 살려드려야 한다며 돈과 힘을 보태 궁궐을 어렵게 완성했습니다. 그런데 봄이 오면 다시 목재를 반입하고 돌을 다듬고 기와를 구우라는 명을 내리시니 다들 이게 뭔 일인가 망연자실입니다. 전쟁에서 겨우 살아남은 백성들을 보듬고 보살피는 게 왕과 국가 임무인데, 한 푼이라도 은혜 베푸는 건 없고 온갖 명목으로 백성들 피를 쪽쪽 짜내려 하니 탄식과 원망 소리 하늘을 찌릅니다. 게다가 작년 흉년으로 해체된 가정이 많고 남쪽 왜구들과 북쪽 오랑캐들 조짐도 심상찮은데, 도대체 지금이 어떠한 시기라고 또 토목공사를 일으켜 백성을 괴롭힌단 말입니까. 부디 새 궁궐 짓겠다는 명령을 취소하소서."[3]

마무리가 예술이다.

"백성들 고난을 덜어줌으로써 하늘의 꾸중에 답하소서."

사헌부 또한 결사반대다.

---

3 《광해군일기 중초본》 광해 2년(1610년 1월 7일 두 번째 기사).

"백성 원망과 하늘 노여움을 세트로 받으시렵니까? 두려워하고 조심하여 오로지 하늘을 공경하고 백성들 돌보는 일이 급선무입니다."[4]

반대 여론이 폭발하니 제아무리 광해군이라도 토목 공사를 제 맘대로 저지를 순 없다. 그래서.

찔끔찔끔했다. 신책방新冊房, 전갈방全蝎房, 수라간水刺間, 동궁 독서당讀書堂, 환경전歡慶殿, 영화당暎花堂 등 자잘한 건물을 지었다. 전각 몇 개를 더 지어 '기이한 꽃, 이상한 나무, 괴이한 돌'을 가득 채운 정원을 만들고 탱자탱자 놀 수 있는 정자도 넣었다.

그 기괴함과 사치스러움이 전례가 없었단다.[5] 이를 위해 전국 관리들이 목재, 쇠붙이, 소금, 쌀, 베 등을 서울로 보냈다. 물론 지방 백성을 쥐어짜 마련한 아이템들이다.

---

4 《광해군일기 중초본》 광해 2년(1610년 1월 7일 세 번째 기사).

5 《광해군일기 중초본》 광해 2년(1610년 2월 13일).

130

이해할 수 없는 행동

1611년(광해 3년) 정릉동 행궁을 경운궁, 즉 정식 궁궐로 승격시킨다.[1]

그나마 칠서지옥 때문에 한동안은 공사가 뜸했다. 하지만 정적 제거가 마무리되자 광해군은 폭주한다. 1615년 4월 2일 드디어 창덕궁에 입주한 광해군은 4일 후에 경운궁 리모델링을 지시하고, 다음 해인 1616년엔 창경궁 중건을 명령했으며, 그 다음 해 궁이 완성되자 역시 입주하지 않고 오히려 경덕궁과 인경궁 신축을 한꺼번에 지시한다.

계속되는 대규모 궁궐 공사는 백성들을 쥐어짠 후 건조기까지 돌리는 행위다. 임금 독주를 막아야 할 고위 관료들이,

---

1 《광해군일기 중초본》 광해 3년(1611년 10월 11일).

특히 영의정 기자헌과 우의정 한효순이 오히려 광해군 폭정에 맞장구를 친다. 호조판서 이충은 백성들을 쥐어짜 돈을 거두는 데 대단한 실력을 발휘한다. 달리 더덕 정승, 잡채 판서 듀엣이 아니다.

이쯤에서 광해군에게 묻고 싶은 것 두 가지.

“들어가 살지도 않을 궁궐을 왜 그렇게 지으셨어요?”
“가장 중요한 경복궁은 왜 폐허로 방치하셨어요?”

임금이건 대통령이건, 독재자들은 백성 질문에 답하지 않는다. 그래서 우리에겐 우리 마음대로 추정할 권리가 있다. 17세기나 21세기나, 군주가 이상한 행동을 반복하는 이유는 네 가지 중 하나다.

- 머리가 나쁘다.
- 머리가 아프다.
- 배후에 법사가 있다.
- 부인 배후에 법사가 있다.

131

공부하기 싫은 왕1

공부는 거문고 줄을 조율하는 것과 같다.

너무 힘을 쓰면 집착이 된다.

힘을 안 쓰면 무명에 떨어진다.

《잡아함경雜阿含經》에 나오는 부처님 가르침이다. 조선 왕들도 '의무적으로' 공부해야 했다. 넘치지 않고 모자라지 않게, 거문고 줄 조율하듯.

왕이 왜 공부를 해야 했을까? 그것도 의무적으로.

신하들은 과거 시험을 패스했으니 무시무시한 능력자들이다. 왕은 그냥 왕수저다. 수준 차이로 말이 안 통할 수 있고, 그러면 나라가 엉망이 된다. 왕은 신하들에 상응하는 공부량을 쌓아 신하들 수준으로 상승해야 한다. 왕이 신하들을 사부로 모시고, 토론하며 공부하는 것을 경연經筵이라 불렀다. 더 나은 세상을 만드는 출발점이 교육이라고 믿은 성리학의 나라 조선에서 경연은 그 자체로 세상을 바꾸는 행위였다.

성리학은 이런 식으로 인간 군주를 성인聖人으로 진화시키려 했고, 이런 고상한 방식으로 왕권을 제한했다. 경연에서 임금과 신하들은 대화와 타협으로 정치 현안을 조절했고, 공론장에서 투명하게 정책을 결정했다. 다만 연산군은 달랐다.

"내시 김순손에게 자치통감강목을 가르치게 하라."[1]

내시에게도 고등 교육 기회를 주다니 연산군은 열린 왕, 이라면 오해다. 공부하기 싫어 내시를 대신 보냈다. 깡다구도 없다. 대리 출석이라는 희한한 사태에 신하들이 발끈하자 슬그머니 꼬리 내린다.

"없던 일로 하자."

결석계를 시로 제출하기도 했다.

---

1 《연산군일기》 연산 1년(1495년 5월 14일).

기침 번열 잦고 피곤한 기분 계속되어

이리저리 뒤치며 밤새껏 잠 못 이루네.

간관들 종묘사직 중함은 생각지 않고

소장 올릴 때마다 경연에만 나오라네.[2]

감기몸살로 죽겠는데 공부만 시키냐는 불평이다. 즉위 초기, 즉 미쳐서 폭주하기 전 연산군은 은근 귀엽다.

---

2 《연산군일기》 연산 2년(1496년 11월 23일).

132

공부하기 싫은 왕 2

공부를 싫어하기론 광해군도 만만찮다.

즉위 1608년 2월 25일

“토론하시지요.”

“내가 감기에 걸렸으니 다음에 하자.”

7월 1일

“토론하시지요.”

“날이 덥다. 다음에 하자.”

11월 6일

“편하실 때 저희를 불러주십시오.”

“땡큐.”

광해 1년(1609년) 1월 10일

"음력 1월이라 봄입니다. 토론을 시작하시지요."

"나는 아직 춥다."

2월 16일

"아직도 추우신가요?"

"몰라. 며칠 뒤에 말하겠다."

6월 29일

"이젠 춥지 않으시죠?"

"더워서 못하겠다. 내가 어려서부터 몸에 열이 많아."[1]

10월 17일

"제발 얼굴 좀 보고 토론하시죠." (영의정 이덕형)

"생각해보겠소."

---

1 경연을 거부하는 광해군에 대해 사관들이 솔직한 비판을 역사에 남겼다. "군덕君德의 성취는 경연에 달려 있는데, 왕은 한결같이 핑계를 대어 미루며 깊은 구중궁궐에서 오직 근습近習들과만 어울리니 덕이 성취되는 아름다움을 어찌 기대할 수 있겠는가. 상하의 뜻이 막힘이 한결같이 여기에 이르렀으니, 비록 화급한 위망危亡의 재앙이 있은들 어디로부터 들어 알겠는가."《광해군일기 중초본》 광해 1년(1609년 9월 16일). 근습은 내시나 후궁을 가리킨다. 즉, 광해군은 공적 토론장엔 나오지 않고 측근들과 쑥덕공론을 벌였다는 의미다.

1610년(광해 2년) 2월 25일

"하루 세 번씩 하던 토론이 벌써 2년째 막혔습니다."

"감기에 걸렸다. 코로난가? 너희들도 조심해라."

3월 25일엔 말도 안 했는데 광해군이 먼저 설레발이다.

"날씨가 안 좋네. 내일 아침에 하자."

1610년(광해 2년) 3월 26일 아침, 즉위 3년 차에 드디어 첫 스터디가 열린다. 신하들이 열 문장 말하면 광해군이 한 문장 정도 비율이다. 홍문관 부제학[2] 남이공이 작심하고 말한다.

"시중에 떠도는 더러운 소문들 출처가 궁중이라는 의혹이 있습니다. 제발 집구석, 아니 가정을 잘 다스리소서."

묵묵부답 유구무언 꿀 먹은 벙어리. 광해군이 왜 경연을 피했는지 알겠다.

---

2 홍문관은 집현전을 계승한 조선 최고 학문 기관이었다. 언론 역할도 했다. 멤버가 되는 것만으로도 명예로웠고, 실질적으로 홍문관 책임자랄 수 있는 부제학은 당대 가장 존경받는 학자가 임명되었다. 조광조, 이황, 이이 등도 부제학 출신이다.

비선조직과 왕

집권 2년 차이던 1609년, 경연을 거부하는 광해군에게 30대 중반 젊은 관료, 사간원 정언正言 김치원이 말 그대로 정언을 올린다.

"전하께서 저희들과는 토론할 생각이 없으시고 매일 궁궐 밀실에서 광핵관(광해군 핵심 관계자)만 만나시니 참으로 걱정입니다."[1]

---

1 강연講筵은 오랫동안 중지되어 여러 사람들의 의사가 진달되지 않아 언로言路가 막혀 있습니다. 기도와 푸닥거리를 일삼고 궁중의 말[馬]을 길들이지 않아 좌도左道 풍수, 점술, 사주팔자가 홍성합니다. (…) 전하께서 즉위한 이후 지금까지 몇 년이 되었으나, 한번도 유신 정사儒臣正士들과 함께 경학을 강론하고 국가의 큰일을 자문하신 일이 없습니다. 매일 측근의 총애하는 신하들과 함께 깊은 궁궐 안에만 계시니, 거이기양이체居移氣養移體(환경에 따라 사람의 모습이 바뀐다)하는 것은 형세상 반드시

광해군이 발끈해서 대답하는데 참 광해스럽다.

"니가 봤어?"[2]

경연은 임금과 신하들이 '공적으로' 소통하는 자리다. 광해군은 '사적' 소통에만 몰입했다.[3] 그가 소통한 부류다.

- **비선조직 광핵관**
- **무당들**
- **김상궁**[4]

그렇게 될 수 밖에 없는 법이니 전하의 마음이 어떻게 사심이 없을 수 있겠으며, 전하의 덕이 어떻게 흠이 없을 수 있겠습니까. 이렇게 하기를 중지하지 않는다면, 전하의 청명 순수한 마음이 끝내는 점차 없어지지 않을까 걱정됩니다.《광해군일기 중초본》광해 1년(1609년 8월 10일).

2 "기도하고 푸닥거리하는 일은 궁내에 혹 있겠지만, 이것이야 어찌 모두 알 수 있겠는가? 이른바 좌도라고 하는 것은 어떤 도를 가리키는 것이냐? 아울러 물어 아뢰라."《광해군일기 중초본》광해 1년(1609년 8월 10일).

3 왕은 한결같이 핑계를 대어 미루며 깊은 구중궁궐에서 오직 근습近習들과만 어울리니 덕이 성취되는 아름다움을 어찌 기대할 수 있겠는가.《광해군일기 중초본》광해 1년(1609년 9월 16일).

4 이때 사람들이 말하기를 '이이첨이 세 가지를 섬기는데, 세자빈을 섬기어 세자를 속이고, 정인홍의 제자를 섬기어 정인홍을 속이고, 김상궁을 섬기어 왕을 속인다.'고 하였는데, 모두 진귀한 노리개와 좋은 보물을 바쳤다. 이이첨의 아내 역시 교활하였는데, 부부가 주야로 모의하여 함께 편지를 써서 안팎으로 내통하며 침식할 겨를도 없었으나, 사람들이 무슨 일을 하고 있는지 헤아리지 못하였다.《광해군일기 중초본》광해

경연에는 온갖 핑계로 불참했던 광해군이지만 무당과 굿판 벌이는 자리, 정적들을 고문하고 죽이는 자리에는 오픈런이다. 열일 제치고 참가했다.

광해군 정권이 성공할지는, 신묘한 무당이 아니더라도 누구나 예견할 수 있었다.

5년(1613년 6월 19일 12번째 기사). 김상궁 본명은 김개시介屎, 한글로 김개똥이다. '이이첨이 김상궁을 섬기어 왕을 속인다'는 실록 기록에서 김상궁이 가진 파워를 유추할 수 있다.

134

내시도 비웃는 왕

광해군이 환관 이봉정에게 시비를 건다.

"너는 왜 그렇게 뚱뚱하냐?"

광해가 광해했다. 왕 앞에서 한주먹 거리도 안 되는 이봉정, 타격감 묵직한 펀치를 날린다.

"이전 임금님(선조)께서는 일을 정말 많이 하셨습니다. 저도 옆에서 대기하느라 밥 먹을 시간이 없었죠. 요즘엔 살판났습니다. 하루 종일 놀고먹거든요."[1]

---

1 왕이 일찍이 환시 이봉정에게 묻기를 "너는 어떻게 그렇게 뚱뚱하냐?" 하니 봉정이 대답하기를 "소신이 선조先朝 때에는 선왕이 장시간 공사

135

왕 지적질

광해군 아버지 선조 이야기다. 왕이 경연에서 신선神仙을 논하자 신하들이 임금을 쏘아붙인다.

"신선을 말하는 것은 허망한 짓입니다. 망령된 짓입니다."

국가 이념이 유교인 조선에서 풍수는 이단으로 취급받았다. 다만 효와 연관시킬 수 있는 묏터풍수[1]는 엘리트 계층에

청에 납시어 온갖 일을 열심히 재결하시기 때문에, 항상 옆에서 모시느라 낮에는 밥먹을 겨를이 없고 밤에도 편히 잠을 못 잤습니다. 그런데 지금은 전하께서 공사청에 납시는 때가 없으므로, 소신은 종일 태평하게 쉬고 밤에도 편안하게 잠을 자기 때문에 고달픈 일이 없으니, 어찌 살이 찌지 않겠습니까." 하였다 한다. 《광해군일기 중초본》 광해 3년 (1611년 10월 14일).

1 명당을 찾아 묘를 설치하는 것.

서 묵인되었다. 선조는 풍수를 무척 신뢰했다.[2] 그런 그가 신선까지 들먹이니 이때다 싶어 신하들이 지적질이다.

선조 얼굴이 벌겋게 달아오르고 경연장 분위기도 어색해지자 이준민이 말한다.

"신선은 지금도 볼 수 있습니다."

이건 또 웬 ×소릴까 싶어 신하들이 눈으로 레이저를 쏘는데 이준민은 태연하다.

"판부사 원혼이 신선입니다."

원군을 만난 듯 표정이 살아난 선조, 이유를 묻자 이준민이 웃으며 말한다.

"원혼은 젊어서부터 욕심을 버리고 여자를 멀리했습니다. 그래서 나이가 구십 넘은 지금도 여전히 총명하고 건강하니 그가 바로 레알 신선입니다."

살벌했던 경연장 공기는 웃음으로 가득찼다. 선조 역시 크

---

2 최원석, 《조선왕실의 풍수문화》, 지오북, 2021, 30쪽.

게 웃으며 기뻐했다.[3] 신하가 왕도 지적질할 수 있는 나라, 그게 조선이었다.

다음은《예기》기록이다.

부모를 섬길 때 부모 허물을 숨겨줘야 한다.
면전에서 허물을 가지고 지적질하면 안 된다.

임금을 섬길 때 임금 허물을 숨겨주면 안 된다.
면전에서 허물을 가지고 지적질해도 된다.

스승을 섬길 때 스승 허물을 숨겨주면 안 된다.
면전에서 허물을 가지고 지적질하면 안 된다.

	허물을 감추어줌	면전에서 허물을 지적
부모	O	X
임금	X	O
스승	X	X

3 이수광이 쓴《지봉유설》에 나온다.

136

무속에 미친 왕

1611년(광해 3년) 10월 14일에 열린 경연에서 영의정 이원익이 작심하고 건의한다.

“좌도左道(풍수, 점술, 사주팔자)를 철저히 끊어버려야 합니다. 이런 것에 얽매이면 판단이 흐려져 반드시 망하게 될 것입니다.”[1]

무속에 빠진 광해군을 보다 못한 이원익이 입바른 소리를

---

1 궁중에서 많이 좌도左道가 행해진다고들 말하는 것 같습니다. 사실 옛사람도 시초점이나 거북점을 이용했습니다. 그러나 지금의 좌도라는 것이 어찌 옛날의 이른바 거북점, 시초점과 방불한 것이겠습니까. 반드시 철저히 끊어버려야 할 것입니다. 만약 이런 것에 얽매이면 사리가 흐려져서 끝내 치도를 해치게 될 것입니다. 《광해군일기 중초본》 광해 3년(1611년 10월 14일).

했다. 광해군은 즉위 초반 혹은 그 이전부터 무속에 깊이 빠져 있었다. 무당들을 스승으로 모시고 극진히 대접했다. 이들 충고에 따라 궁궐 입주를 미뤘고, 귀신을 섬겼으며, 복을 빌었다.[2]

광해 4년, 무당 이의신이 "서울은 이제 유통기한이 끝났으니 수도를 파주시 교하면으로 옮겨야 한다"라고 말하자 광해군은 신하들에게 이의신 아바타인 양 똑같이 말한다.[3] 조정엔 파란이 일고 신하들이 극렬하게 반대한다. 예조판서 이정귀가 광해군을 길게 설득하는데, 줄이면 이렇다.

"제발 무당을 멀리하소서. 제발 법궁으로 들어가소서."[4]

---

2 이때 상이 좌도에 심히 미혹했기 때문에 명과학命科學을 한 정사륜鄭思倫, 환속한 중 이응두李應斗 등이 모두 추수推數 점술로 진출해서 궁중에서 모시면서 임금의 총애와 대접이 두터웠다. 어떤 움직일 일이 있으면, 한결같이 길흉이나 금기만 따지는 그들의 말만 들어서, 곧바로 정전正殿으로 옮기지 않는 것도 역시 이들의 말 때문이었다. 심지어 귀신을 섬기고 복을 비는 일까지 안 하는 것이 없었다. 이때 거처를 옮기는 거둥이 있을 예정이었는데, 새 대궐에서 매일 음사淫祠를 행하느라 북소리 장구소리가 대궐 밖에 들렸으므로, 도성 백성들이 말하기를 죽어서 귀신이 되면 어주御廚(임금이 먹을 음식을 조리하는 부엌)의 음식을 실컷 먹겠다고 했다.《광해군일기 중초본》광해 3년(1611년 10월 14일).

3 힌두교에서 유래했다. 지상에 내려온 신의 화신을 뜻한다.

4 성명께서는 요망한 말들을 물리치고 멀리하여 성상의 마음을 바르게 하고 속히 법궁法宮에 나아가 뭇사람들의 의심이 풀리도록 하소서.《광

불쾌 머쓱해진 광해군, 대답도 긴데 줄인다.

"내가 무당을 심하게 믿는지 당신이 어떻게 아는가? 마음을 가라앉힌 뒤 다시 의논들 하라."[5]

임금 명령을 받아 신하들이 마음을 가라앉히는 동안 광해군은 파주 일대 부동산 시세를 점검하라는 명령을 비밀리에 비변사, 즉 국정원에 내린다. 그러자 신하들이 오랜만에 한 뜻으로 뭉쳐 광해군에 맞선다. 그렇게 논쟁은 몇 년째 이어진다.

광해 7년, 드디어 광해군은 창덕궁에 입주한다. 법사님이 지정해준 날짜에 이삿짐을 쌌고, 얼마나 귀신 쫓는 무속을 많이 행했던지 서울 시민들이 크게 놀랄 정도였다.[6] 어떤 귀신

해군일기 중초본》 광해 4년(1612년 11월 15일).

5 의신의 방술이 정미하다고 내가 지나치게 믿는 지의 여부를 예관이 어떻게 아는가.《광해군일기 중초본》 광해 4년(1612년 11월 15일).

6 왕이 창덕궁으로 이어하였다. 앞서 왕이 경운慶運 행궁에 길한 기氣가 있다는 것을 들었고 창덕궁은 일찍이 내변內變을 겪었으므로, 창덕궁이 비록 중건되었지만 거처하려 하지 않았다. 대신臺臣들이 여러 차례 청하였으나 윤허하지 않다가 이때 이르러 대내大內에 요사스런 변괴가 많았으므로 곧 택일하여 이어하였다. 그런데 택일하여 갈 때 귀신을 쫓는 술법을 많이 써서 서울 사람들이 크게 놀라워했다.《광해군일기 중초본》 광해 7년(1615년 4월 2일).

을 쫓았을까?

창덕궁에 살다 쫓겨난 단종과 연산군을 그렇게 봤던 것 같다.[7]

몇 달 후 무당 김일룡이, 창경궁 건물 방향이 잘못되었으니 바꾸라는 상소를 올리자 혹하는 광해군. 신하들 반대로 다행히 무산된다.[8]

---

7 왕이 일찍이 지관地官 이의신李懿信에게 몰래 묻기를 "창덕궁은 큰일을 두 번 겪었으니 내 거처하고 싶지 않다." 하였는데, 이는 노산魯山과 연산燕山이 폐치되었던 일을 가리키는 것이다. 의신이 답하기를 "이는 고금의 제왕가帝王家에서 피할 수 없었던 변고입니다. 궁전의 길흉에 달린 것이 아니라 오로지 도성의 기운이 빠졌기 때문입니다. 빨리 옮기시는 것이 좋습니다." 하였다. 왕이 이로 말미암아 창덕궁에 거처하지 않았는데, 군신들이 거처를 옮기기를 여러 차례 청하였으나 왕이 따르지 않았다. 그 후 행궁에 변괴가 나타나자 비로소 창덕궁에 거처하면서 더욱 꽃과 돌 같은 물건으로 꾸몄지만, 오래 있을 뜻이 없었다. 이에 창경궁昌慶宮을 짓도록 재촉하고는 궁이 완성되자 또 거처하지 않고, 드디어 두 채의 새 궁을 짓도록 하였다. 완성시킨 후에 거처하려고 하였기 때문에 경덕궁慶德宮을 먼저 완성하였는데, 인경궁仁慶宮이 채 완성되지 않아 왕이 폐위되었으니, 모두가 의신이 유도한 것이다. 《광해군일기 중초본》 광해 5년(1613년 1월 1일).

8 《광해군일기 중초본》 광해 7년(1615년 7월 11일).

137

무당에 미친 왕

성지 법사는 스님을 빙자한 무당이었다. 인왕산 아래 왕기가 있으니 거기다 궁을 지으라고 광해군을 꼬신다.[1] 법사님 말씀이라면 컬러가 촌스러웠지만 오방색을 쓰라면 썼다. 쪽 팔려도 손바닥에 글자를 쓰라면 썼다. 이마에 침 100개도 꽂았다.

하지만 창덕궁에 이어 또 다른 궁을 지으라는 건 다른 문제다. 마음이야 열 개라도 짓고 싶지만 신하들을 설득할 논리가

1 성지는 요승妖僧이다. 처음에 인왕산仁王山 아래에 왕기王氣가 있다는 설을 가지고 왕을 미혹하여 인경궁仁慶宮을 세우게 하고 통정 대부通政大夫에 올랐는데, 이번에 또 첨지중추부사를 제수받아 머리에 옥관자를 두르고 말을 타고 다니는 등 그 위세가 하늘을 찔렀다. 사람들이 모두 그를 지첨지智僉知라고 불렀는데 계해년에 복주伏誅되었다. 《광해군일기 중초본》 광해 10년(1618년 4월 13일).

없다. 그때 이이첨이 꾀를 낸다.

"교하 천도와 인경궁 건축을 맞바꾸시면 대신들도 반대하지 못할 것입니다."[2]

무당 이의신과 무당 김일룡은 정원군 옛집에 수맥, 아니 왕기가 흐른다고 광해군을 홀렸다. 광해군은 그 집을 빼앗고 주변 민가 수천 채를 헐어 경덕궁(경희궁)을 짓도록 명령한다.[3]

---

2 《광해군일기 중초본》 광해 8년(1616년 3월 24일).

3 《광해군일기 중초본》 광해 9년(1617년 6월 11일).

138

초열지옥

광해군이 총애한 무당 복동은 '저주 술법' 대가다. 밤낮 굿을 벌여 귀신을 즐겁게 했고, 방방곡곡 용하다는 장소에 가서 기도하느라 엄청난 경비를 지출했다. 광해군은 복동을 성인방聖人房이라고 부르면서 의심나는 일이 있을 때마다 점치게 했고, 셀 수 없이 많은 상을 내렸다. 그러자 복동이 누리는 권세가 세상을 흔들었다.[1]

1 복동이 처음에는 저주를 한 것 때문에 국문을 당하였는데, 궁에 들어가 저주한 물건을 파내고 기도를 하기에 이르러서는 도리어 왕에게 총애를 받았다. 이현궁梨峴宮에 기도하는 곳을 설치하고 귀신을 그려 놓았으며, 또 열성위列聖位를 설치하고 노부鹵簿, 의장, 의복을 극도로 사치스럽게 갖추어 놓았다. 복동은 밤낮으로 가무를 벌여 귀신을 즐겁게 하였으며, 또 국내의 산천에 두루 기도하느라고 수만 금의 비용을 낭비하였다. 복동을 성인방聖人房이라고 부르면서 의심나는 일이 있을 때마다 성인방에 내려 보내 점치게 하고 셀 수도 없는 많은 상을 내리니, 한 달 남짓 만에 권세가 조야朝野를 흔들었다. 《광해군일기 중초본》 광해 10년

광해군 행동 패턴을 볼 때 경복궁을 복구하지 않은 것도 무속으로 의심된다. 세종이 죽고 2년 만에 문종이 죽는다. 세조가 죽고 연이어 예종이 죽는다. 그래서 무당들은 '경복궁 불길설'을 만들어 광해군을 강하게 가스라이팅한 것으로 보인다. 그나마 이게 가장 합리적 설명이다.

그때나 지금이나 법사들이 문제다. 부처님이 보셨으면 자신 가르침을 왜곡한 죄로 초열지옥焦熱地獄에 집어넣었을 법사들과 그 말을 곧이곧대로 따르는 어리석은 군주들 아닌가.

물가는 치솟고 경제는 불황이라 고통받던 백성들, 새 궁궐에서 하도 굿을 많이 하자 혀를 차며 말했다.

"차라리 죽어서 귀신이 되면 임금이 주는 술과 음식을 실컷 먹을 텐데."[2]

(1618년 12월 16일).

2 새 대궐에서 매일 음사淫祠를 행하느라 북소리 장구소리가 대궐 밖에 들렸으므로, 도성 백성들이 말하기를 죽어서 귀신이 되면 어주御廚의 음식을 실컷 먹겠다고 했다.《광해군일기 중초본》광해 3년(1611년 10월 14일).

139

요승과 요목

1618년(광해 10년) 4월 13일 실록 기록이다.

> 성지는 요승妖僧이다. 인왕산 아래에 왕기王氣가 있다는 설로 왕을 미혹해 인경궁을 세우게 하고 통정대부通政大夫에 올랐다. 이번에는 첨지중추부사를 제수받아 머리에 옥관자를 두르고 말을 타고 다니는 등 그 위세가 하늘을 찔렀다. 사람들이 모두 그를 지첨지智僉知라 불렀다.

요승은 요사스러운 중이다. 요승 성지가 활개치던 서울에 다시 요상스런 생명체가 등장하는데 이번엔 요목妖牧이다.

"여자 신도가 나를 위해 속옷을 내리면 내 신자, 그렇지 않으면 내 교인이 아니다."(2005)

"여자들 교회 올 때 너무 짧은 치마 입으면 돼? 안 돼? 빤스 다 보이는 치마 입으면 돼? 안 돼? 내가 그렇게 입고 오면 들춘다. 나하고 상담하러 오면 무릎 위로 올라오는 치마 입으면 빤스가 다 보여요. 그럼 가려야 할 것 아니냐. 그런 거 없어. 아멘하는 년 하나도 없네. 한 여름철 큰 교회에 가봐. 큰 교회는 강대상이 높아. 강대상에서 앞에 앉아 있는 년들 보면 젖꼭지 까만 것까지 다 보여. 그럼 돼? 안 돼? 대답해봐."(2006)

"왜 애를 낳지 않느냐. 젊은 애들 극단적인 이기주의 때문이다. 자기 재미를 위해, 애를 낳으면 골반이 흐트러진다며 안 낳는다."(2011)

"병실 5,000석의 복지병원을 지으려 한다. 기독교인이 마지막에 하늘나라에 갈 때 예쁜 간호사들 말이야, 치마도 짧게 입히고, 가슴도 볼록 튀어나오게 해서 성가대를 만들 거야."(2023)

말은 인격을 반영한다. 어쩌면 인격 자체다. 요목이 지은 가장 큰 죄는, 주님의 형상대로 만든 존엄한 자기 자신을 XXX로 만든 죄다.

예수님에 따르면 인간이 다른 창조물과 구분되는 지점은 존엄이다. 그래서 인간은, 존엄을 해치지 않을 의무가 있다. 타인의 존엄은 말할 것도 없고 자신의 존엄까지도. 우리는 스스로를 함부로 대할 수 없다.

“코로나는 중국을 향한 하나님의 심판이며 애국 시민은 이런 병에 걸리지 않는다.”(2020)

자기도 코로나 걸리고, 모이지 말라고 했는데 꾸역꾸역 대규모로 모여 전국으로 코로나를 확산시켰다. 서울대학교 물리천문학부 우종학 교수가 한 말이다.

예배 드린다면 죽인다고 칼이 들어올 때
목숨 걸고 예배 드리는 것이 신앙입니다.

예배가 칼이 되어 남들 목숨 위태하게 하면
모이지 않는 것이 신앙입니다.

140

신성모독

"겟세마네 기도를 보면 예수가 하나님 앞에서 자신의 이론, 뜻을 내세우고 있음을 본다. 하지만 결국 하나님 앞에서 깨어졌다. 그때 실질적으로 죽은 것이다. 골고다 언덕의 죽음은 자포자기, 너희 맘대로 해라는 죽음이었다."(2005)

듣도 보도 못한 신박한 해석이지만 성자聖子 모독.

"새벽기도 시간에 제일 먼저 나를 위해 기도하라. 성령이 나타날 것이다."(2005)

정통 기독교는 성령이 신자 속에 거주(내주)한다고 믿는다. 정통에서 벗어날수록 성령을 에너지로 취급한다. 어쨌든 성령聖靈 모독.

"장로를 대통령으로 안 찍는 사람은 내가 생명책에서 지워 버릴 거야."(2007)

주님만 하실 수 있는 일이다. 지가 신이라는 뜻이다. 성부聖父 모독.

"히브리어 '야다'가 하나님이 사람하고 섹스하고 싶다는 말이야! 그것이 예배라는 말이야!"(2022)

무식도 이 정도면 박사급이다. 어쨌든 성부 제곱으로 모독.

"나는 하나님 보좌를 딱 잡고 살아. 하나님 꼼짝 마. 하나님 까불면 나한테 죽어. 내가 이렇게 하나님하고 친하단 말이야."(2019)

이건 도대체 어떻게 정의할까? 성부, 성자, 성령을 돌아가며 모독하는, 천지창조 이후 처음 보는 역대급 캐릭터다.

그런데 이상하다. 이렇게 자신들이 믿는 성부, 성자, 성령이 처참하게 능멸당하는 데도 한국 1,000만 개신교인과 3만 목사들이 잠잠하다. 아무도 요목 주둥아리를 틀어막지 않는다. 막기는커녕 이러고 있다.

"이사야 같은 선지자다." _정당 대표이자 장로

"존경한다." _같은 당 전직 대표이자 전도사

그 모습이 민망했는지 불교 승려들이 말한다.

"어떻게 성직자가 자신이 믿는 신에게 그런 불경한 말을 할 수 있느냐?"

매천 황현[1]은 29세에 초시를 수석으로 패스하지만 부패한 시스템에 실망해 아웃 서울 해버린다. 전남 구례에서 학문에 정진하던 황현은 나라가 일본에 넘어갔다는 소식을 듣고 10일 후 자결한다. 그가 남긴 유서다.

"나는 벼슬한 적이 없으므로 나라를 위해 죽어야 할 의리는 없다. 하지만 나라가 선비들을 기른 지 500년인데 나라가 망한 날 죽음으로 항거하는 선비 하나 없다면 애통할 노릇이다. (…) 너희들은 내가 죽는 것을 슬퍼하지 마라."

요승 성지는 어떻게 되었을까?

---

1 1855-1910.

> 광해군이 성지의 말을 절대적으로 믿어 옥관자에 비단 옷을 입고 궁중을 출입하게 하였다. 광해군이 토목 공사를 극도로 벌여 백성들에게 독을 끼친 것은 모두 그가 종용한 것이라, 온 나라 사람들이 그의 살점을 씹어 먹고자 하였는데, 인조반정 후 숨어 있다가 잡혀 목이 잘렸다.[2]

29세에 출가해서 80세로 열반에 드신 석가모니 부처님이 이 세상에서 마지막 밤, 1,200비구들에게 남긴 최후 설법이다.

- 장사하지 마라.
- 하인을 부리지 마라.
- 짐승을 기르지 마라.
- 재물을 모으지 마라.
- 사람의 길흉을 점치지 마라.
- 주술을 부리거나 신비한 약을 만들지 마라.
- 권세 가진 사람을 등에 업고 서민을 괴롭히지 마라.
- 바른 생각으로 남을 도와라.
- 이상한 행동과 말로 사람들을 미혹하지 마라.
- 보시받은 음식과 의복을 쌓아두지 마라.

---

2 《광해군일기 중초본》 광해 15년(1623년 3월 14일). 《인조실록》 인조 1년(1623년 3월 17일).

141

나를 밟고 가라

1987년 1월 14일, 서울대학교 인문대생 박종철이 경찰 물고문으로 사망한다. 전두환 정권은 기를 쓰고 범죄를 은폐했지만 천주교 정의구현사제단이 진실을 폭로한다.

분노한 젊은이들이 들고 일어났고, 6월 9일 연세대 학생들도 시위를 벌인다. 이때 연세대 경영대생 이한열이 경찰 최루탄에 맞아 의식을 잃고 며칠 후 사망한다.[1]

6월 10일부터 시위는 양상이 변한다. 대학생들에 더하여 30대 화이트칼라 직장인들까지 시위에 참여한다. 그러자 전

1 이 사건을 모티브로 한 영화가 2017년 개봉한 〈1987〉이다. 강동원, 김윤석, 김태리, 유해진 등이 연기했다.

두환 정권은 발작적으로 시위를 진압했다.

퇴계로에서 시위를 벌이던 학생들이 무자비한 경찰 폭력 진압에 쫓겨 명동성당 안으로 피신한다. 저녁이 되자 그 수는 1만 명 이상으로 불어난다. 경찰이 명동성당을 완전 봉쇄했고 학생들은 며칠간 농성에 돌입한다.

6월 12일, 가톨릭 신자이던 국정원(당시 안기부) 차장이 천주교 서울대교구장이던 김수환 추기경을 방문해 학생들을 쫓아내지 않으면 명동성당 안으로 경찰을 투입하겠다고 경고한다. 김수환 추기경은 톤 하나 높이지 않고 말했다.

"당신을 보낸 사람에게 내 말을 전하시오. 경찰이 명동성당 안으로 진입하면 맨 앞에 누워 있는 나를 볼 것이오. 그 다음에는 신부들이 있을 것이고, 그 다음엔 수녀들이 있을 것이오. 그들을 다 밟고 나서야 학생들을 볼 수 있을 것이오."

기독교는 원래 이런 종교였다. 기독교인은 예수님이 꾸신 꿈을 따라 꾸겠다는 사람들이다. 예수님 꿈과 내 꿈이 다를 땐?

당연히 내 꿈 버리고 예수님 꿈을 따른다. 강제는 없다. 그게 싫으면 기독교인 안 하면 된다.

예수님이 꾸신 꿈은 무엇일까?
이것저것 많지만 하나로 줄이면 이웃 사랑이다.
타인이 지옥인 세상인데 이웃을 사랑하라고? 가능해?
맞다. 내가 죽어야만 가능한 일이다.
그래서 예수님이 죽으셨다. 그게 십자가다.

평범한 우리는 타인을 위해 죽을 수 없다. 하지만 시늉은 할 수 있다. 노력은 할 수 있다. 그렇게 예수님을 닮아 살겠다는 이들이 기독교인이다. 그걸 전문적으로 해보겠다고 삶을 바친 이가 성직자다.

> 거짓 예언자들을 조심하여라. 그들은 양의 옷차림을 하고 너희에게 오지만 속은 게걸든 이리들이다. 너희는 그들이 맺은 열매를 보고 그들을 알아볼 수 있다.[2]

씨알도 안 먹히겠지만 혹시나 해서 해본다. 인문학 무당과 요목아! 철야기도를 하든 금식기도를 하든 어떻게 해서든, 제발 예수님과 대화 좀 해라.

같이 좀 살자.

---

2 〈마태오의 복음서〉 7:15-16.

142

국방보다 궁궐

국정원은 북한 정보, 해외 정보, 산업 보안, 테러, 국제 범죄, 사이버 범죄를 담당하는 국가 최고 정보기관이다. 국민 생명과 국가 안전을 보호하는 것이 최고 목표인, 그래서 아낌없이 사랑받고 최고로 존경받아야 할 조직이다. 2010년대 괴상한 인간들이 출몰해 국정원 명예를 갉아먹는다.

- 서울시 상수도사업본부 본부장 출신 국정원장 A는 퇴임 후 미국에 정착하기 위해 스탠포드대학교에 200만 달러를 기부한다.
- A는 아내 사랑이 극진해, 국정원 소유 서울 시내 안가安家 하나를 호화 펜트하우스로 개조한 후, 아내 사교 모임 장소로 사용하게 한다. 리모델링 비용은 10억 원 정도 들었다.
- A는 상수도 전문가인 자기에게 국정원장을 맡겨준 은혜가 고마웠는지, 대통령 E에게 수억 원을 상납했다.

- 다음 정권에서 국정원장 B는 다른 대통령 F에게 수억 원을 상납했다.
- 다른 국정원장 C도 대통령 F에게 수억 원을 상납했다.
- 또 다른 국정원장 D 역시 대통령 F에게 수억 원을 상납했다.[1]

전부 국정원 예산으로 했다. 간첩 잡고 북한 막으라고 국민들이 모아준 돈으로 말이다. 이거야말로 빨갱이에 종북좌파 아님? 애국 우파들이 다 들고 일어나야 할 일 아님?

어쨌건 죄다 감옥으로 갔지만 그 다음부터가 코미디다.

- 대통령 E는 무죄라고, 자기가 주장한다. 지금까지.
- 다음 대통령 F는 무죄라고, 지지자들이 주장한다. 지금까지.
- 그 다음 대통령 G는 F를 사면해준다.

그 다음 다음 대통령 H는 대통령 E와 관련자를 몽땅 사면해준다. 자신이 검사일 때 잡아넣었던 자들을 말이다. 결자해지結者解之를 참 신박하게 사용한다. 하지만 어쩌랴, 모든 국민은 자기 수준에 맞는 정부를 갖는 법이니.

잘못을 인정하지 않는 범죄자, 용서를 구하지 않는 범죄자, 이들을 용서하는 것은 정의로운가?

---

1 '국정원 특수활동비 청와대 상납 사건'으로 검색하면 디테일이 나온다.

광해군은 경덕궁을 크고 화려하게 건축하면서 세금과 예산을 무리하게 사용하는 것은 물론 군량미까지 손댔다.[2] 국방보다, 국민 안전보다 건축과 무당이 우선인 군주다. 2년 후 국정원에 국방부 역할까지 감당하던 비변사가 광해군에게 요청한다.[3]

"강화도는 천혜의 요새입니다. 반드시 군량미를 비축해야 합니다. 한 톨 쌀이라도 다른 곳에 사용하면 안 됩니다."

이렇게 해야 제정신이다. 그런데 그럴 리가 있겠는가.

"다만 궁궐 공사를 중지할 수는 없으니 강화도에서 군량미를 가져오도록 재촉하소서."

제대로 미쳤다. 광해군은 뭐라 답했을까, 라고 쓰기도 민망하다.

"일단 5,000석을 가져다 사용해라."[4]

---

2 《광해군일기 중초본》 광해 9년(1617년 4월 27일 11번째 기사).

3 비변사는 16세기 처음 등장했다. 적들 위협에 효율적으로 대응하기 위한 기관이었으나 17세기 이후 국가 통치를 총괄하는 기관으로 변한다.

4 《광해군일기 중초본》 광해 11년(1619년 4월 14일).

기억하지 않은 역사, 청산하지 않은 역사는 반복한다. 징글징글하게 반복한다. 과거 청산 요구에는 분노와 복수심이 끼어 있을 수 있다. 그럼에도 불구하고 과거를 깔끔히 청산해야 하는 이유는, 청산하지 않은 과거는 어지간하면 돌아오는데 더 나쁜 모습으로 돌아오기 때문이다.

> 악령이 어떤 사람 안에 들어 있다가 그에게서 나오면 물 없는 광야에서 쉴 곳을 찾아 헤맨다. 그러다가 찾지 못하면 '전에 있던 집으로 되돌아가야지' 하면서 다시 돌아간다. 돌아가서 그 집이 비어 있을 뿐만 아니라 말끔히 치워지고 잘 정돈된 것을 보고 그는 다시 나와 자기보다 더 흉악한 악령 일곱을 데리고 들어가 자리잡고 산다. 그러면 그 사람의 형편은 처음보다 더 비참하게 된다. 이 악한 세대도 그렇게 될 것이다.[5]

악한 귀신은 저보다 더 악한 귀신 일곱을 데리고 돌아오는 법이다. 잘못된 과거는 '심장을 찢는 결단'으로 청산해야 한다.

---

5 〈마태오의 복음서〉 12:43-45.

143

히틀러

칠장이[1] 히틀러는 말했다.
친애하는 국민 여러분, 저에게 일할 기회를 주십시오.
국민들이 일할 기회를 주자 히틀러는
회반죽 한 통을 가져와 독일 집을 새로 칠했다.
모든 독일 집을 새로 칠했다.

칠장이 히틀러는 색깔 외에는 아무것도 배운 게 없어
그에게 일할 기회가 주어지자
모든 것을 잘못 칠해 더럽혔다.

1 히틀러는 화가 지망생이었다. 빈에 있는 국립 미술 아카데미에 지원했지만 떨어졌다.

독일 전체를 온통 잘못 칠해 더럽혔다.[2]

히틀러는 지옥에서 어떤 강제노동을 할까?

벽에 페인트를 칠할까, 아니면 시체를 다룰까?

그는 죽은 자의 냄새를 맡을까?

지옥은 그에게 그가 수없이 태워 죽인 아이들의 재를 먹일까?[3]

---

2 독일 극작가이자 시인인 베르톨로 브레히트Bertolt Brecht(1898-1956).

3 파블로 네루다.

144

광해군 평가

대동법 실시, 중립 외교, 대일 외교 재개 등 광해군을 후하게 평가하는 의견도 있다.[1] 그럼에도 조선 시대 내내 광해군은 판단 흐린 임금으로 무시당했다. 이승만 대통령처럼 잘한 부분, 못한 부분 따로 평가하면 될 일이다. 20세기가 되자 광해군이 인기남으로 부상하는데 인기 얻는 과정이 좀 수상하다.

---

1 방납 폐단을 막겠다는 대동법이었지만 기자헌 등 방납으로 부를 쌓아 올리는 관료들이 광해군 주위에 포진해 있었고, 광해군 자체도 대동법에 대한 이해는 물론 실행 의지가 부족했다. 게다가 궁궐 공사에 너무 많은 자원과 관심을 투입해 대동법 실시 지역은 경기도에 한정되었다. 실용 외교도 기회주의 외교로 보는 시각이 있다. 인재를 너무 많이 죽여 외교에 발휘할 역량이 부족해 그냥 흘러가는 대로 두었다는 말이다. 광해군에 대한 상반된 시각은 다음 두 책을 참고하면 좋다. 한명기, 《광해군》, 역사비평사, 2018. 오항녕, 《광해군, 그 위험한 거울》, 너머북스, 2012.

일본 사학자 이나바 이와키치稲葉岩吉(1876-1940)는 만주 전문가였다. 1922년 조선총독부 편수국 조선사 편찬위원, 1925년 조선사 편수회 수사관修史官을 거쳐 1933년 〈광해군 시대 만주와 조선 관계〉라는 논문을 발표한다.

'광해군은 명나라와 후금 사이에서 중립 외교, 실용 외교를 통해 국익을 쟁취했다.'

이나바는 광해군을 긍정 평가한 최초 인물이다. 이 생각이 한국인 제자 홍희로 이어지고, 이병도로 이어진다. 이나바는 왜 광해군을 긍정 평가했을까? 일단 그는 만선사관론자다.

압록강을 사이에 두고 있으니 만주와 조선은 쌍둥이 관계다.
만주는 중국과 별개다. 조선은 일본 식민지다.
따라서 만주도 일본 식민지다. 중국은 손 떼라.

이나바는 명나라를 야박하게, 청나라는 훈훈하게 평가했다. 청나라가 명나라를 끝장내고 중국을 지배한 기간이 중국인들에겐 꿀 같은 시간이었다고 주장했다. 광해군 때 명나라는 청(당시에는 후금)을 공격하기 위해 조선에 도움을 요청했다. 광해군은 거절했다. 그래서 이나바는 광해군 외교정책이 탁월했다고 본다.

145

돈 애비

1623년 3월 12일 자정 무렵, 서인이 주도한 인조반정이 일어난다. 반정反正은 옳은 정치로 돌아간다는 뜻이다.

撥亂世反諸正 발난세반제정

어지러운 세상을 다스려 바른 세상으로 돌아간다.

오합지졸 포함 1,000명 정도가 창덕궁으로 돌진했는데, 왕궁을 호위하던 훈련도감 대장 이홍립이 반갑게 반란군을 맞이하자 정권이 맥없이 무너진다. 창덕궁 담장을 넘어 도망쳤던 광해군은 의관 안국신 집에 몸을 숨겼다가 다음 날 잡혔다. 잡히기 직전 광해군이 했다는 말이다.

"이이첨 짓인가?"

쭈굴한 남편과 달리 왕비는 쿠데타 세력에게 당당히 묻는다.

"정의를 위해서인가, 출세를 위해서인가?"

벚꽃 지는 3월 19일, 종로에서 이이첨과 이이첨 아들 이홍엽 등이 참수된다.[1] 유희분은 남대문 밖에서 목이 달아난다. 실록 기록은 부족하지만 광해군을 가스라이팅해서 조종했다고 의심받는 김상궁은 능지처참으로 생을 마감한다.

잡힌 광해군이 작은 가마에 실려 옮겨질 때 백성들이 지붕과 담장에 올라가 직관했다. 한마음으로 욕했다.

"돈 애비야, 돈 애비야, 거둬들인 금과 은은 어디 두고 이 길을 가니?"

유구무언有口無言, 머리 숙인 광해군은 눈물만 흘렸다.[2]

---

1 젊은 시절 이이첨은 인물이 좋고 행동이 단정했다고 한다. 하지만 이항복은 이이첨이 '나라를 망치고 집안에 재앙을 불러올 자'라고 예언했다.

2 《광해군일기 중초본》 광해 15년(1623년 3월 13일).

146

광해군 가족

- 전직 임금: 광해군
- 전직 왕비: 유씨
- 전직 세자: 이지
- 전직 세자빈: 박씨(이이첨 외손녀)

광해군 부부는 강화도, 세자 부부는 강화도와 인접한 교동도에서 유배 생활을 시작한다.

전직 세자 이지는 정체 모를 사람이 보내온 가위와 인두로 26일간 땅을 파 울타리 밖으로 20m쯤 땅굴을 냈다. 영화 〈쇼생크 탈출〉처럼 멋지게 탈출했으나 곧바로 잡힌다.[1]

---

1 《인조실록》 인조 1년(1623년 5월 22일).

전직 세자빈 박씨는 남편이 탈출할 때 나무에 올라 망을 봤는데 남편이 붙잡히는 모습에 놀라 나무에서 떨어졌다. 시름시름 앓던 박씨는 목을 매어 26년 짧은 삶을 마감한다.

이지는 부인이 죽고 한 달쯤 후, 의금부 도사가 지켜보는 가운데 목을 맨다. 그렇게 부인과 같은 26년 삶을 마감한다.[2] 이지가 도사에게 남긴 말이다.

"일찍 자결할 줄 몰랐던 것이 아니나 지금까지 구차히 살아 있었던 것은 부모 안부를 알고 나서 조용히 처리하려고 해서였다. 지난번 땅굴을 파고 탈출하려 했던 것도 이 때문이었다. 어찌 다른 뜻이 있었겠는가."

이지가 유배 가는 길에 읊었다는 시다.

> 26년 세월이 한바탕 꿈이구나.
> 나 흰구름 사이로 돌아가리라.

10월에는 광해군 부인도 사망한다. 죽기 전 기도했단다.

"다음 생에는 왕실에 들어오지 않도록 해주세요."

---

2 《인조실록》 인조 1년(1623년 6월 25일).

147

광해우

아내, 아들, 며느리가 다 죽었지만 광해군은 산다. 새 정부는 광해군을 죽이고 싶었지만 그럴 수 없다. 반정 명분 중 하나가 살제殺弟, 동생 영창대군을 죽인 죄다.[1] 인조가 광해군을 죽이면 똑같은 놈 된다. 광해군이 인조 큰아버지니까.

"한 하늘 아래 같이 살 수 없는 원수다. 내 손으로 직접 그 놈 목을 잘라 죽은 가족들 영혼에 제사 지내고 싶다."[2]

백 번 공감 가는 인목대비 말이지만 그녀도 광해군을 죽일

1 ① 어머니를 쫓아내고 동생을 죽임, ② 궁궐을 건설하는 등 과도한 토목공사로 백성들을 괴롭힘, ③ 후금과 내통함으로써 명을 배신함.

2 《인조실록》 인조 1년(1623년 3월 13일).

수는 없었다. 그저 아우렐리우스 황제 말로 한을 삭여야 했다.

"원수를 닮지 않는 것이 가장 고귀한 복수다."

이후 이괄의 난(1624), 정묘호란(1627), 병자호란(1636) 등 변란이 이어지고 광해군을 왕위에 복귀시키려는 움직임이 간혹 포착되자, 조선 정부는 광해군을 이리저리 돌리다 아예 제주도로 보내버린다. 1637년 일이다.

제주로 가면서도 광해군에겐 목적지를 비밀로 했다. 어등포[3]에 내리면서 제주라고 말해줬더니 광해군이 탄식한다.

"어쩌다, 어쩌다 여기까지 왔느냐."[4]

제주목사가 쏘아붙인다.

"자업자득이지요."[5]

임금이든 대통령이든 높은 자리 오르면 언어 개념도, 공감

---

3 1637년 광해군이 제주도에 첫발을 디딘 어등포(구좌읍 행원포구)에 표지석이 있다.

4 광해군은 한국사를 통틀어 제주에 발을 디딘 유일한 왕이다.

5 확실한 사실은 아니다.

능력도 바뀌나 보다. 인목대비를 서궁에 가두고 폐비 공작이 모락모락 진행되고 있을 때 광해군이 뜬금포를 날렸었다.

> 내 운명이 기구하여 무신년과 계축년 변고를 겪었다.
> 하늘이여, 하늘이여
> 내가 무슨 죄를 지었기에 이런 형벌을 내린단 말인가.
> 인간 세상 벗어나 해변가에서 여생을 마치고 싶어라.[6]

광해군은 1641년 7월 1일 67세 나이에 '소원대로' 해변가에서 죽었다. 15년을 지킨 왕좌에서 쫓겨나서 19년을 살았다. 하루라도 빨리 자연사하길 바랐던 새 정부 입장에선 지긋지긋할 정도로 명이 길었다.

광해군은 21세기 관광객들에게 핫플인 제주 동문시장 근처, 국민은행 제주지점 자리에서 유배를 살았다. 광해군이 사망한 날 맑은 하늘에 비가 내렸다고 해서 제주에서는 7월 1일을 광해우光海雨 내리는 날이라 한다.

---

6 《광해군일기 중초본》 광해 10년(1618년 1월 4일).

148

광해군의 남자들

유몽인[1]이 아들 유약과 격렬히 토론한다.

유약: 인조를 쫓아내고 광해군을 복귀시키겠습니다. 뜻을 모은 사람이 여럿 있습니다.

유몽인: 한 고조나 명 태조가 나라를 세운 것은 군사력이 있었기 때문이다. 광해군을 그리워하는 마음은 알겠지만 포기하거라.

유약은 이리저리 역모를 도모하다 발각되고 아버지 유몽인까지 의금부에 잡혀간다. 아비가 남긴 최후 진술이다.

1 유몽인은 고등학생들에게 익숙하다. 그가 쓴《어우야담》이 교과서에 등장한다.

"저 때문입니다. 제가 지은 시에 영향을 받아 저렇게 되었습니다."

어떤 시였을까?

칠십 먹은 늙은 과부
혼자 규방 지키는구나.
사람마다 재혼하라 권하면서
무궁화 닮은 멋진 남자 소개했네.
여사女史의 시 익히 들었기에
태임과 태사[2] 훈계 조금은 알았지.
머리는 희끗한데 젊은 척 화장하면
화장품에 부끄럽지 않겠소.

늙은 과부는 유몽인 자신, 멋진 남자는 인조를 가리킨다. 멋진 남자는 노땡큐고 그냥 죽은 남편(광해군) 따르겠단다. 유몽인은 '광해군의 남자'라는 이유로 역적 소리 들으며 아들과 함께 처형당한다.[3]

---

2 380쪽 '149 태임과 태사' 참고.

3 《인조실록》 인조 1년(1623년 7월 27일).

유몽인은 세자이던 광해군에게 학문과 도리를 가르쳤다.[4] 임진왜란 때는 분조를 이끄는 광해군을 수행했다. 광해군 찬스를 마음껏 누릴 수도 있는 위치였다. 하지만 유몽인은 광해군이 정치를 잘못할 때 날카롭게 비판했고 폐비론 역시 반대했다. 그리고 광해군에게 지조를 지키며, 죽었다.

200년 후 정조는 유몽인에게 딸린 죄인 꼬리표를 떼어주고, 사후에나마 이조판서 벼슬을 내렸다.

"임금이 못나도 끝까지 그 곁을 지키는 자, 충신이다."[5]

---

4 世子侍講院司書 《선조실록》 선조 25년(1592년 10월 6일).

5 《정조실록》 정조 18년(1794년 9월 30일).

149

태임과 태사

周監於二代 郁郁乎文哉 吾從周주감어이대 욱욱호문재 오종주

주나라는 두 나라(하, 은)를 본떴지만 문화가 더욱 찬란하다.

그래서 나는 주나라를 따르겠다.

如有用我者 吾其爲東周乎여유용아자 오기위동주호

만약 나를 써주는 사람이 있다면

나는 그 나라를 동쪽의 주나라로 만들겠노라.

《논어》에 나온다. 공자가 생각하는 이상 국가는 주나라였고, 주나라엔 공자가 존경하는 슈퍼스타가 세 명 있었다.

- **문왕 - 중국 통일 기반 닦음**
- **무왕 - 중국 통일 완성함**

셋은 부자 관계다. 무왕과 주공 단은 형제, 문왕은 아버지다.

"세상에 걱정 없는 이는 오직 문왕이다. 아버지는 나라를 일으키고 아들은 이를 계승했으니 말이다."[1]

문왕은 아버지(왕계)가 기초 닦은 나라를 물려받았다. 그걸 발전시켜 아들(무왕)에게 토스했더니, 잘난 아들은 아예 중국을 통일한다. 그러니 문왕이야말로 세상에서 가장 행복하다는 논리다. 물론 공자 시각이다.

세상에서 가장 행복한 왕, 문왕은 어떻게 탄생했을까?

태임은 아이를 임신했을 때 태교에 올인한다. 나쁜 이야기는 고막에서 막았고, 욕이 되어 올라오는 내면 깊은 빡침은 목젖을 흔들어 튕겨냈다. 그렇게 공을 들여 낳은 아기는 기저귀도 떼기 전에 인성 천재 지성 천재다. 사람들은 태임이 태교를 잘했다고 칭찬했는데 그렇게 태어난 아들이 문왕이다.

잘 태어나고 잘 자란 문왕을 태사가 차지한다. 총명했던 태

---

1 《중용中庸》.

사는 남편을 잘 이끌어 훌륭한 왕으로 만들었고, 야수 같은 제후들을 제압해 중국 통일 기반을 닦았다.

문왕은 훌륭한 엄마(태임)와 훌륭한 아내(태사)가 콤비 플레이로 빚어낸 참한 작품이다. 그리고 대를 이어 더 멋진 작품(무왕과 주공 단 형제)도 탄생한다.

공자를 추앙하는 조선 역시 태임과 태사에 주목했다. 아예 태임과 태사를 합친 인물을 최고 여성상으로 상정했다. 소혜왕후는 1475년 궁중 여성들과 사대부 아녀자들 교육을 위해 《내훈內訓》이라는 교과서까지 편찬한다.[2]

자식이 현명하지 못한 것은 엄마 때문이다.
남편은 아내의 하늘이다.

요즘 시각으로 보면 참 불편한 여인상, 현모양처다.[3]

---

2 《예기》, 《소학》, 《논어》, 《맹자》, '안씨 가훈', 《열녀전》 등에서 발췌한 내용이다. 교과서 집필자 소혜왕후는 글대로 살았을까? 자신의 며느리이자 연산군 엄마 윤씨가 왕비에 오른 것도, 폐비된 것도, 사사된 것도 모두 소혜왕후 작품이다. 즉, 연산군을 창조한 장본인이다. 글대로 사는 것, 예나 지금이나 참 어렵다.

3 현모양처라는 용어 자체는 20세기 초반에 등장한다. 조선 시대 양처良妻는 천민 남자와 결혼한 평민 여성을 뜻했다.

150

신사임당

신사임당에서 사임당師任堂은 호다. 본명은 뭘까?

- **사師 - 스승으로 삼음**
- **임任 - 태임**

태사는 됐고 태임만 스승으로 삼겠단다. '양처'는 거부하고 '현모'만 달성하겠다는 의지다. 하늘로서의 남편을 거부한 신사임당 패기는 유언에서도 도드라진다. 48세에 죽음을 맞게 된 사임당은 몇 살 더 많은 남편에게 유언을 남긴다.

"다른 여자와 재혼하지 마세요."

남편은 어쨌을까?

재혼해 10년을 더 살다 죽었다. 남편 이름은 이원수다.

아들이 율곡 이이니 태임을 스승으로 삼겠다는 목표는 99% 달성한 것으로 보인다. 율곡이 어머니를 기억하며 쓴 글이다.

어머님께서 포도를 그렸는데 아무도 흉내 낼 수 없었다.

안견[1] 다음 가는 화가라는 명성도 얻었다. 국립중앙박물관이 소장하고 있는 〈초충도〉는 한국 최고라는 평가다. 율곡 학통을 계승하고 조선 후기 정치계와 사상계를 호령했던 우암 송시열[2]은 신사임당이 그린 〈초충도〉를 향해 극찬을 보낸다.

"사임당 그림에는 우주 기운이 응축되어 있다."

여기서 그쳤어야 했다. 따라붙는 사족蛇足이 많은 것을 망쳤다.

"바로 이런 기운으로 율곡 선생을 낳았을 것이다."

---

1 〈몽유도원도〉를 그렸다.

2 1607-1689.

'천재' 화가보다는 '천재를 낳은' 어머니에 악센트가 들어간 진술. 이후 사임당은 우주 기운을 받아 율곡을 잉태한 여성으로, 그 기운으로 아들을 훌륭하게 기른 어머니로 유명해졌다. 화가로서 재능과 업적은 아들 아우라에 가려 묻히고 만다. 사람들은 그를 '율곡 이이의 어머니' 아니면 '사임당'이라 불렀다.[3]

신사임당 본명은 뭘까?

모른다.[4]

3 금성, 즉 비너스는 태양계 행성 중 유일하게 여성 이름이다. 그래서 금성에 있는 지형지물도 여자 이름을 딴다. 금성 분화구 중 두 개 이름이 황진이와 신사임당이다.

4 신인선이란 설이 있지만 근거는 없다.

151

송시열

큰 인물은 하늘이 내리신다.

공자는 하늘이 내리셨다.

공자를 이은 주자도 하늘이 내리셨다.

주자를 이은 송자 역시 하늘이 내리셨다.

정조가 송자에게 올린 극찬이다. 공자는 유학 시조새고, 주자는 성리학을 집대성했다. 송자는 누굴까?

우암 송시열이다. 네 임금(인조, 효종, 현종, 숙종)을 모시면서 우의정과 좌의정을 지낼 정도로 영화를 누렸다. 조정 신하들이 송시열을 칭송하는 것을 출세 발판으로 삼을 정도였다.[1] 하지

1 《현종실록》 현종 1년(1660년 2월 12일).

만 이런 스펙들을 잡스러운 것으로 만드는 최고 명예는 후학들로부터 '송자'라고 불린 것이다. 유학 양대 산맥인 공자와 주자에 버금간대서 송자다.[2]

화무십일홍花無十日紅, 장희빈이 낳은 아들(경종)을 세자로 책봉하는 것에 반대하다가 숙종 눈 밖에 나서 83세 노구를 끌고 제주도로 유배간다.

100일 남짓 제주에서 유배를 살았는데 그가 머문 곳이 칠성통이라는 제주시 구 번화가다. 광해군이 살았던 곳과 직선거리로 470m, 도보로 7분 거리다.[3]

---

2 송시열 초상화는 국보 제239호다. 국립중앙박물관에 있다. 그림 윗부분에 정조가 직접 쓴 글씨가 있다.

3 송시열: 일도 1동 1317(제주시 일도1동 주민센터 인근)
광해군: 이도 1동 1474-1(제주시 동문시장 부근)

152

대비모주

송시열과 광해군이 유배 살던 곳에서 서남서 방향으로 3km쯤 가면 거로마을이 나온다. 국립제주박물관 근처다. 이곳에도 유배인이 살았는데 제주 최초 여성 유배인이다. 누굴까?

인목대비 친모, 노씨 부인이다. 김제남이 죽던 날 부인 노씨는 딸이 사는 궁궐 앞으로 가 통곡하며 외쳤다.

"네 아비가 죽는데 뭐 하고 있니?"

통곡은 벽을 넘지 못했다. 넘었다 하더라도 인목대비에겐 힘이 없었다. 아버지가 죽었다는 소식도 3일 후에나 겨우 들었다.

그날 이후 노씨는 집 안에 갇혀 히키코모리 생활을 강제로 했다. 광해군은 대문 앞에 군사를 배치해 사람은 물론 물자 출입을 완전히 막았다. 굶겨 죽이거나 스트레스로 죽이려 했던 것 같다.

노씨는 사람들이 밤중에 몰래 담 안으로 던져 주는 음식물로 6년이나 생명을 이었다.[1] 1618년 광해군은 노씨를 아예 제주로 보내버린다. 서울 본가에서도 생계가 막막했던 노씨. 유배지[2]에선 어떻게 먹고 살았을까?

발효주를 거르고 남은 찌꺼기를 술지게미라고 하는데 여기에 다시 물을 타서 술을 만들어 팔아 생계를 유지했다.[3] 일종의 탁주나 막걸리라 보면 되겠다. 대비 어머니가 만든 술이라 대비모주大妃母酒 혹은 모주母酒라 불렀다.

정 많은 제주 사람들, 대비가 불쌍하다고 밤낮으로 술을 팔아줬다. 다행히 모주는 두 번 거른 술이라, 즉 맹물을 겨우 면한 술이라 알콜 중독을 유발하지는 않았다.

---

1 《광해군일기 중초본》 광해 10년(1618년 10월 15일).

2 제주시 화북동 거로마을. 이곳엔 노씨가 거주했다는 '대비터'와 '대비퐁낭'이 있다.

3 《인조실록》 인조 1년(1623년 3월 14일).

이때 받은 은혜를 노씨 후손들은 잊지 않았다. 김제남 후손인 연안 김씨 의민공 종회는 조상 할머니를 살려준 제주도민들에게 보답하기 위해 2005년 구좌읍 송당리에 대비공원을 조성했다.

김제남 아들은 다 죽었잖아?

맞다. 김제남을 비롯해 아들 셋도 다 죽었다. 하지만 김제남 친척 중 간 큰 누군가가 김제남 큰아들(김내)의 아들(김천석)을 몰래 빼돌려 절에 숨겼다. 나중에 인조반정으로 가문이 되살아났을 때 큰아들의 아들은 다시 세상으로 나왔고, 그렇게 드라마처럼 대를 이어 오늘날 대비공원도 만들었다.

153

제주도 까치

노씨가 제주 유배 5년을 채워가던 1623년 어느 날이었다. 거주하던 집으로 까치 한 마리가 날아들더니 온 동네가 울리도록 운다. 까치가 울었으니 좋은 일 있을 거라 동네 사람들이 위로하지만 노씨 반응은 퉁명스럽다.

"이생망인데 까치가 운다고 별수 있겠소."

얼마 후 인조반정이 일어나 광해군 정권이 무너진다. 승지 정립이 직접 노씨를 모시러 온다. 사람들은 '과연 까치'라고 탄복했다. 이 스토리, 정말일까?

이 물음에 답하기 위해선 먼 길을 가야 한다.

154

K-T 멸종

지금으로부터 46억 년 전, 지구는 '화끈하게' 출생했다. 이후 40억 년간 서서히 열기를 잃어 6억 년 전쯤 '온난' 모드에 들어갔을 것으로 학자들은 추정한다.

중생대 백악기 말인 6,600만 년 전[1] 멕시코 유카탄반도 칙술루브Chicxulub 인근 원시 카리브해에 소행성이 떨어진다. 엄청난 사이즈라 지금까지 자국이 남았다.[2]

---

1 운석구(운석이 남긴 자국)의 암석들을 방사성 연대측정으로 분석한 결과다. 학자에 따라서는 6,500만 년 전이라고 하기도 한다.

2 깊이가 20km다. 운석 추락으로 생긴 운석구는 지름 130km이고 195km 범위까지 지각 암석을 변형시켰다. 학자들이 지표면 이리듐 농도 등으로 이 소행성의 스펙을 추정했는데 무게 2,000-3,000억 톤, 초속 40km, 히로시마 핵폭탄 10-100억 개 정도 충격량이었다. 칙술루브는 운석구 중에서 세 번째로 크다. 1위는 남아프리카공화국 요하네스버그 남서쪽

심각한 건 당시 지구 상태. 바닷물을 포함해 충돌 지점 근처 모든 것이 녹거나 불이 붙어 하늘로 솟구쳤고, 얘들이 다시 떨어지면서 아메리카 대부분은 불바다가 된다. 성층권까지 올라간 미세 암석 가루, 재, 이리듐은 지구 전역으로 퍼져 60년간 태양을 가렸다.[3]

계속되는 겨울로 플랑크톤, 암모나이트, 조류, 포유류를 가리지 않고 지구 생물 70% 정도가 사라졌고, 자체 체온 조절이 힘들었던 공룡은 이때 멸종한다.[4] K-T 사건 혹은 K-T 멸종이다.[5]

120km 지점에 있는 지름 300km짜리 브레드포트 돔Vredefort crate. 20억 년 전 생겼다. 2등은 캐나다 서드베리 분지Sudbury Basin. 지름 250km다.

3 유튜브에서 'Chicxulub impact event in real time'을 치면 시뮬레이션을 볼 수 있다.

4 인도에서 데칸고원을 만들었던 거대한 화산 활동이 공룡도 멸종시켰다는 가설이 있는데 아직 증거는 없다. 최근에 7,600만 년 전부터 1,000만 년 동안 낮아지는 기온으로 인해 공룡 개체수가 줄고 종 다양성이 떨어지다가 K-T 충돌로 종말을 맞았다는 이론이 등장했다.

5 그리스어 kreta(백악기의 전형적인 암석)와 terriary(제3기)의 머리글자를 따서 K-T다. 요즘엔 K-Pg 멸종이라 부르는 추세다. K-T 멸종에 관해서는 다음 책을 참고하면 좋다. 마이클 벤턴, 《대멸종》, 류운 역, 뿌리와이파리, 2015.

155

빙하기

5,500만 년 전 시베리아 대지에서 알 수 없는 이유로 메탄가스가 엄청나게 분출한다. 덕분에 지구는 무려 5~7도나 평균 기온을 올릴 수 있게 된다.[1] 기나긴 겨울은 물러가고 지구는 다시 따뜻하고 습해졌다.

이후 많은 시간이 흘렀고 아직도 알 수 없는 사건들 혹은 영향들에 의해 기온은 오르락내리락을 반복했는데, 이전에 비해 기온이 대체로 떨어진 시기를 빙하기라 한다. 그중에서도 빙하가 거의 한반도까지 확장하는 시기를 빙기glacial

1 일상에서 1도 변화는 별거 아니지만 지구 평균기온이 1도 오를 때마다 지구는 몸살을 앓는다. 6도가 오르면 인류는 멸종한다고 한다. 자세한 내용은 다음 책을 참고하면 된다. 마크 라이너스, 《6도의 멸종》, 이한중 역, 세종서적, 2020.

period라 하고, 빙기와 빙기 사이 비교적 온난한 시기를 간빙기interglacial age라 부른다. 현재 우리는 간빙기에 살고 있다.[2]

2만 년 전 마지막 빙기가 절정에 도달했다. 북아메리카와 유럽 북부에 두께 3km짜리 빙하가 쌓인다. 300m가 아니라 한라산보다 높고 백두산보다 높은 3km다. 캐나다 전역과 미국 북부(오대호, 뉴욕, 신시내티, 세인트루이스)를 딱 빙하 두 개가 완전히 덮어버린다. 동쪽 빙하 이름은 로렌타이드 빙상Laurentide(허드슨만에서 최고 두께 3,300m), 서쪽 빙하는 코드딜레란 빙상Cordilleran(최고 두께 2,400m)이다.

지구 평균 기온은 지금보다 6도 낮았다.[3] 어머어마하게 많은 물이 극지방을 비롯한 여러 지역에 얼음으로 뭉치니 해수면이 쑥 내려간다. 지금보다 90~120m까지 낮아졌다. 해수면이 이 정도로 내려가면 무슨 일이 벌어질까?

---

2 빙하기에 관해서는 다음 책들을 참고할 것.
브라이언 페이건 외, 《완벽한 빙하시대》, 이승호 · 김맹기 · 황상일 공역, 푸른길, 2011. 피터 와담스, 《빙하여 잘 있거라》, 이준호 역, 경희대학교 출판문화원, 2018. 존 임브리, 《빙하기》, 김인수 역, 아카넷, 2015.

3 열대 지방은 2~5도, 고위도 지방은 12도 낮았다.

156

베링기아

아시아와 아메리카를 갈라놓은 베링해협(현재 수심 30~50m)이 물 위로 드러나 육지가 된다. 러시아(시베리아)와 미국(알래스카)이 땅으로 이어져 평원이 되었다는 말이다. 이를 베링기아beringia 혹은 베링육교라 부른다.[1]

물이 사라진 베링기아 위에선 어떤 일이 벌어졌을까?

생명체들이 시베리아와 알래스카 사이를 자유롭게 왕래했다. 말은 아메리카 대륙에만 서식했지만 이때 베링기아를 건

1 시베리아 콜리마강에서 캐나다 맥캔지강까지 너비 3,200km 길이 1,600km 광대한 땅을 육교라 부르기엔 스케일이 지나치게 크다. 그래서 고고학자들은 베링육교란 말을 사용하지 않고 베링기아라고 부른다. 베링기아 남과 북은 1년 내내 얼음으로 뒤덮인 회색 바다였지만 베링기아 자체는 몇몇 빙하지대를 제외하고는 관목과 초원 위로 북극 찬 바람이 지나가는 마른 땅이었다.

너 아시아와 유럽으로 진출한다.[2]

베링기아 여행객 중 가장 유명한 생명체는 인간이다. 아시아 어딘가에서 시베리아로 이동한 구석기시대 수렵인들이, 땅덩이가 생긴 후 한 번도 사람이 살지 않았던 아메리카에 처음으로 들어갔다. 대략 1만 7,000년 전쯤. 물론 세대를 이어 점진적으로 발생한 일이다. 같은 툰드라라도 시베리아보다는 알래스카 쪽이 살기 좋았나 보다.

대략 1만 5,000년 전, 지구 온도가 상승해 해수면이 높아진다. 1,000년 동안 24m 정도 상승했다. 1만 2,000년 전 뜬금없이 빙기가 찾아왔지만 곧 종료해서 대세 영향 무無.[3] 이후 다시 온난화가 진행되고 1만 년 전 기온이 급격히 오르면서 베링기아는 다시 바닷물로 덮이게 된다.

대륙과 연결되어 있던 영국과 일본은 서서히 섬나라가 되고, 제주 역시 섬으로 변신한다.

---

2 다른 종이 아니라 현재 말들 조상이다. 베링기아가 다시 닫힌 후 아메리카 말들은 멸종한다. 1492년 이후 유럽인들이 아메리카에 말을 들여오기까지 아메리카 원주민들은 말이 존재한다는 사실을 몰랐다. 서부영화에서 인디언이 타고 다니는 말은 유럽인들이 들여온 말이다. 1492년 콜럼버스가 아메리카에 도착한 이후 농작물, 가축, 질병 등이 유라시아 대륙과 아메리카 대륙 사이에서 광범위하게 교환된다. 이를 '콜럼버스의 교환'이라 부른다.

3 영거 드리아스Younger Dryas라 부른다.

157

제주도 까마귀

베링기아가 마지막으로 닫힌 이후 1988년까지 제주도엔 까치가 살지 않았다. 까마귀만 가득했다.[1]

- 15세기: 《세종실록지리지》(1454년 완성. 관찬지리지)
- 16세기: 《신증동국여지승람》(1530년 완성. 관찬지리지)
- 17세기: 《탐라지》(1653년 이원진. 읍지)
- 18세기: 《남환박물》(1704년 이형상. 지리지)
- 19세기: 《제주계록》(19세기 말. 조정 보고문)

---

1 아버지가 경성제국대학(서울대) 교수여서 자연스럽게 1935년 경성제국대학에 진학한 이즈미 세이치泉靖一(1915-1970)는 나중에 도쿄대학교 교수를 지낸 문화인류학자다. 제주에 관심이 많아 죽기 한 달 전까지도 제주를 방문했다. 그가 일제강점기 때 작성한 기록이다. '한국에 많은 까치가 제주에는 서식하지 않는다. 큰부리까마귀는 많다.' 이즈미 세이치, 《제주도》, 김종철 역, 여름언덕, 2014.

어떤 기록을 뒤져도 까마귀는 있지만 까치가 없다. 제주에서 8년 넘게 살았던 추사 김정희가 한 말이다.

"만일 그대 편지가 아니면 무엇으로 이 눈을 열겠는가? 하루가 한 해같이 긴데 온종일 듣는 것은 단지 참새와 까마귀 소리뿐이네."[2]

2 유홍준, 《완당평전2》, 학고재, 2002, 498쪽.

158

최종 보스

올빼미 눈을 먹으면 밤눈이 밝아진다.

말 못하는 아이에겐 꾀꼬리를 먹이면 된다.

이가 아프면 딱따구리 부리를 먹어라.

《동의보감》〈탕액편〉에 나오는 처방전이다.[1] 17세기 과학 지식임을 감안하고 읽어야 한다. 《열하일기》로 21세기 고등학생과도 친한 박지원 진술에 따르면 《동의보감》은 조선 책으론 드물게 중국에서도 잘 팔리는 책이었다. 그것도 170년이나 지난 18세기에.[2] 당시 중국 과학지식이다.

---

1 신동원·김남일·여인석, 《한권으로 읽는 동의보감》, 들녘, 2009, 820쪽.

2 박지원이 쓴 《열하일기》에 이런 구절이 있다. '우리나라 책이 중국에서 출판된 것이 드문데 동의보감은 널리 유행하고 있다.' 이 구절은 오해할 수 있다. 조선에서 책을 출판하려면 비싼 종이값 때문에 비용이 많

타조알은 모든 병을 고친다.

박지원이 중국 약국에서 들은 말이다. 하지만 서기 1989년에, 89년도 아니고 989년도 아닌 1989년에, 한 스포츠 신문사가 창간 20주년 기념 이벤트로 전국에서 까치 50여 마리를 잡아 제주도 곳곳에 풀어준다.[3] 너희 섬에 길조吉鳥는 한 마리도 없고 흉조凶鳥만 가득하니 이제부터라도 길조를 통해 복 받으라는 정도 의미였다.

'까치 까치 설날은 어저께고요 우리 우리 설날은 오늘이래요'라는 동요에서 제주 아이들만 차별받고 있다는 감성팔이까지 등장했다. 한 항공사는 까치 수송을 도왔고 산림청과 제주도 역시 힘을 보탰다. 당시 언론 기사다.

이제 제주도에서도 까치 울음소리를 들을 수 있다!

30년이 지난 지금, 까치 울음은 모르겠지만 제주 농민들은

이 들었지만 중국에선 저렴했다. 그래서 중국에서 책을 만들어 조선으로 가져오는 경우가 있었다.

3 1963년 국제조류보호위원회에서 까치 여덟 마리를 제주도에 방사한 적이 있다. 이들은 정착에 실패하고 다 죽었다. 1991년 경상북도는 울릉도에 까치 34마리를 방사했으나 역시 다 죽고 만다.

확실히 울고 있다. 까치가 봄 딸기, 여름 수박, 가을 감귤, 겨울 한라봉을 쉬지 않고 망치기 때문에.

에이 까치가 먹어봐야 얼마나, 라고 하기엔 사태가 심각하다. 현재 제주도에선 10만 마리 이상으로 불어난 까치들이 어슬렁거리며 깡패 짓을 하고 있다. 1994년 유해조수로 지정해 매년 엄청난 수를 잡았는데도 그 정도다.

한전에서도 울음소리 난다. 까치가 전신주에 튼 둥지 때문에 매년 5,000가구 이상에서 정전 사고가 발생하고, 이를 수리하느라 10억 원을 해마다 지출하기 때문이다.

다른 생명체들도 까치 때문에 운다. 식성이 막강한 까치는 다른 조류 알과 파충류를 닥치는 대로 먹어치운다. 깡패 연합을 맺은 까치 서너 마리가 덩치 큰 독수리 한 마리를 메추리처럼 다루기도 한다.[4]

까치 주특기는 제주 원주민인 까마귀 울리기다. 얼마나 시

---

4 2002년 몽골 혹은 티벳에서 서귀포시 대정읍으로 날아온 독수리 10여 마리가 겨울을 넘기고도 그냥 제주에 정착했다. 20년이 지난 지금, 이 아이들은 까치와 달리 대부분 죽었다. 독수리 평균 수명은 20년이다.

달렸던지 정든 집을 옮기는 까마귀들이 늘고 있다. 아예 한라산 꼭대기 바로 밑 윗세오름[5]까지 도피해 등산객들이 던져주는 먹이로 연명하는 녀석들이 생겨날 정도다.

자업자득, 까치도 운다. 2019년에만 2만 3,357마리 까치가 생매장당했다. 1994년 이후 매년 수천 마리가 인간 손에 잡혀 죽는다.

자업자득이라 했지만 가만 생각하니 이상하다. 까치는 무슨 죄를 지었을까?

까치에게 자업자득이라고 비웃는 건 과연 정당한가? 제주도를 이 꼴로 만든 진짜 범인, 최종 보스는 누구인가?[6]

---

5 해발 1,740m에 있다. 한라산은 1,947m.

6 2020년 12월, 제주도의회 환경도시위원회 회의장에서 한 의원이 제주에 까치를 들여온 기업을 상대로 손해배상을 청구해야 한다고 주장했다.

159

명예 없는 명예퇴직

1637년 2월, 종착지가 제주도인 돛단배 한 척이 진도 앞을 지나간다. 3박 4일도 아니고 한달살이도 아니고 유배 가는 건 더더욱 아닌, 조선 선비 최초로 제주도 영구 이주를 선택한 윤선도가 탄 배였다.

윤선도는 해남에 엄청난 부동산과 재산을 보유한 가문의 '장손의 차남의 차남'으로 서울에서 태어났지만 여덟 살 때 기이한 우연이 두 번 겹쳐 큰할아버지 계보에 입양되는, 가문 전체 상속자가 되는 행운을 거머쥔다.[1]

1 윤선도가 종손인 해남 윤씨 가문은 '윤가지부명어일국尹家之富名於一國'이라 할 정도로 부동산과 노비가 많았다. 정윤섭·서헌강, 《녹우당》, 열화당, 2015, 209쪽.

게다가 머리도 좋다. 윤선도는 허균이 그랬듯, 입만 조심하면 가만히 숨만 쉬고 있어도 조선 특권층으로 늙어 죽을 수 있는 팔자였다.

20대가 된 윤선도에게 고난이 닥친다. 22세에 양어머니가 사망하고 이듬해엔 친어머니마저 세상을 떠난다. 25세에 탈상을 하고 26세(광해 4년) 가을, 소과에 합격해 진사 자격증을 따지만 몇 개월 후 친아버지가 사망하고, 29세에 탈상한다. 20대 대부분을 부모 잃은 죄인으로 보낸 셈이다.

세상으로 복귀한 윤선도는 30대 진입 기념으로 이이첨 패거리를 무자비하게 까는 〈병진소〉[2]를 투척해 조선을 발칵 뒤집은 후, 화끈하게 유배길을 떠난다. 광핵관을 저격했으니 광해군 죽기 전까지는 예전 생활로 돌아갈 수 없다. 그래서 인조반정은 윤선도에게 복음이었다.

황금보다 귀한 30대 7년을 흘려보낸 후 유배가 자동으로 풀렸다. 인조는 여러 직책으로 윤선도를 불렀다. 하지만 윤선도는 사사건건 견제하는 정적들이 꼴 보기 싫어, 해남으로 낙향해 오랜 시간 비판력과 공격력을 충전한다.

---

2 《광해군일기 중초본》 광해 8년(1616년 12월 21일).

42세가 된 윤선도는 별시 초시에 수석 합격함으로써 늦었지만 화려하게 정계로 진출한다. 6년간 봉림대군과 인평대군을 가르쳤고 사헌부 지평에 오르면서 황금기를 누린다. 하지만 반대파들이 생산하는 가짜뉴스와 비난 댓글에 내상을 입고 성산현감으로 좌천당한다. 48세 때 일이다.

지방에서도 윤선도는 '정의'와 '서민'을 잊지 않는다. 팩트와 논리에 형평성까지 갖춘 상소(을해소)를 임금께 발송한다. 21세기에도 통할 주제다.

'부동산과 세금 정책 불공정을 개선하라.'

비판을 위한 비판, 정적들을 까기 위한 비판, 이념에 치우친 비판이 아니라 서민들 삶을 개선하기 위한 비판이었다.

하지만 이 상소는 정적들 블로킹으로 왕궁 반경 10km 내에도 도달하지 못했다. 오히려 가짜뉴스로 되치기를 당해, 명예 없는 명예퇴직만 당한다.

160

보길도

해남에서 칩거하던 윤선도를 세상으로 끄집어낸 건 전쟁이었다. 병자호란이 터지자 윤선도는 친척들을 설득하고 노비들을 모아, 돛배를 타고 겨울 바다를 헤쳐 강화도로 향했다. 거기서 군사들을 모아 남한산성 포위망을 뚫어 왕을 구하려는 계획이었다.

강화도에 도착하니 임금이 포위망을 뚫고 동쪽으로 갔는데 거기가 경상도란다. 헛소문에 속은 윤선도는 즉시 배를 유턴해 경상도로 가기 위해 남하했고, 얼마 후 임금이 말할 수 없는 굴욕[1]을 당하고 항복했다는 소식을 듣는다.

---

1 삼전도 굴욕을 말한다.

세계관이 무너져 내리고 살 희망을 잃은 윤선도는 모든 걸 버리고 세상 끝, 제주도 이주를 결정한다.

진도를 지나온 윤선도는 추자도를 거쳐 보길도 황원포에서 하룻밤 쉬어 간다. 거기서 윤선도는 신비체험을 한다. 반쯤 벌어진 연꽃 봉오리가 섬 전체를 둘러싸듯 빙그르 서 있는 산들이 무릉도원처럼 다가왔다.

'바로 이곳이야.'

윤선도는 격자봉 아래를 부용동이라 이름 짓고 세연정, 낙서재, 곡수당, 동천석실, 무민당 등을 건축한다. 물론 제주 이주 계획은 전면 취소다.

부용동 핵심 공간인 세연洗然은 '물로 씻은 듯 주변 풍경이 깨끗해 절로 기분이 상쾌해지는 곳'이란 뜻이다.

161

17세기 조선 소크라테스

윤선도는 몸집이 작고 체질도 연약했지만 용모와 몸가짐이 단정하고 눈으로 레이저를 쏘는 꼬장꼬장한 선비였다.[1] 인조반정과 이괄의 난 처리에 공이 있고 기획재정부 장관, 국토교통부 장관, 국정원장을 두루 지낸 원두표를 가차 없이 깐다.

"원두표는 재능이 있으나 돈을 좋아하고 성격이 사나우며 교활합니다. 인성은 쓰레기입니다. 전하께서 현명한 군주라면 한시 빨리 이 자를 내치셔야 합니다."[2]

임금이라고 예외는 아니다.

1 정윤섭 · 서헌강, 《녹우당》, 열화당, 2015, 125쪽, 156쪽.

2 《효종실록》 효종 3년(1652년 11월 7일).

"성상께서는 깊은 궁궐에서 지내기 때문에 이이첨이 이토록 권세를 마음대로 휘두르고 있다는 것을 모르고 계십니까? 아니면 알면서도 그를 어질다고 여겨 의심하지 않고 계시는 것입니까?"[3]

무속을 신봉하고 우주 기운을 믿는 군주에겐 둘러둘러 알짜배기 충고도 했다.

"하늘이 나라를 세우고 임금을 세운 것은 임금이 아니라 백성들을 위한 것입니다. 임금은 백성을 무시하면 안 되고 두려워해야 합니다. 하늘 심부름꾼인 임금이 민심을 잃으면, 하늘도 임금을 버릴 겝니다."[4]

진실만을 말하고, 빠짐없이 말하고, 목숨이 위험해도 말하는 사람이 '조선의 소크라테스' 칭호를 얻을 수 있다. 퇴계가 찾던 17세기 조선의 소크라테스, 윤선도다.

> 윤선도는 일개 서생으로서, 눈으로 국가와 백성이 위태로운 것을 목격하고는, 감히 피를 토하는 상소를 올린 것입니다.[5]

---

3 〈병진소〉.

4 《고산유고》.

5 《광해군일기 중초본》 광해 9년(1617년 1월 4일).

162

하늘이 보낸 사람

옳은 말엔 당연히 태클이 따른다. 공격받지 않으면 옳은 말이 아니다.

- 사람됨이 바르지 못하다.
- 가정생활이 엉망이다.
- 사치가 도를 넘었다.
- 행실이 방탕하다.
- 탐욕스럽다.

윤선도는 세 번째 유배를 받아들였다. 74세 노구를 끌고 함경도 삼수까지 가서 4년 9개월을 보냈고, 전라남도 광양으로 옮겨 3년을 더 보냈다.

81세가 되어서야 유배에서 풀려난 윤선도는 3년간 부용동 낙서재에서 은거하다 1671년 85세에 사망한다. 그는 인생 절반을 유배와 은둔으로 보냈다. 관직 생활보다 유배 생활이 훨씬 길었다.

제주도로 갔으면 잊힌 남자가 되어 이꼴 저꼴 안 보고 편하게 살았을 인생이었다. 입만 다물었으면 부용동에서라도 무탈하게 살았을 85년 삶이었다. 윤선도는 하늘이 그에게 맡긴 사명을 외면할 수 없어 의롭지만 힘든 삶을 살아냈다. 허목이 쓴 윤선도 신도비神道碑[1] 내용이다.

나라가 흥하거나 망할 때
하늘은 반드시 한 사람을 보내
예를 지키고 의에 죽게 한다.
그렇게 사람들을 깨우침으로써
다음 세대를 교육한다.
윤선도가 바로 그런 사람이었다.

21세기 한국에 윤선도는 있는가?

---

1 죽은 사람 행적을 기록해 무덤 앞에 세운 비석이다.

163

21세기 윤선도

21세기 한국은 윤선도를 받아들일 수 있는 나라인가?

164

내 친구가 몇이냐 하니

한국 고전시가 최고 명작, 〈오우가五友歌〉다. 윤선도가 썼다.

내 벗이 몇이냐 하니 물, 돌, 소나무, 대나무라.
동산東山에 달 오르니 그 더욱 반갑구나.
두어라 이 다섯이면 그만이지 더해서 무엇하리.

구름 빛이 좋다 하나 검기를 자주 한다.
바람 소리 맑다 하나 그칠 때가 많다.
좋고도 그칠 때 없는 건 물뿐인가 하노라.

꽃은 무슨 일로 피자마자 빨리 지고
풀은 어이하여 푸르는 듯 누르나니
아마도 변치 않는 건 바위뿐인가 하노라.

더우면 꽃 피고 추우면 잎 지거늘

솔아 너는 어찌 눈서리를 모르느냐.

구천九泉에 뿌리 곧은 줄을 그로 인해 아노라.

나무도 아닌 것이 풀도 아닌 것이

곧기는 누가 시켰으며 속은 어이 비었는가.

저렇게 사시四時에 푸르니 그를 좋아하노라.

작은 것이 높이 떠서 만물을 다 비추니

밤중의 광명이 너만 한 이 또 있느냐.

보고도 말 아니하니 내 벗인가 하노라.

사소한 것들의 인문학

초판 1쇄 발행 2024년 5월 30일
초판 2쇄 발행 2024년 6월 14일

펴낸 곳 섬타임즈
펴낸이 이애경
편집 이안
디자인 박은정

출판등록 제651-2020-000041호
주소 제주시 원남6길 58, 202호
이메일 sometimesjeju@gmail.com
인스타그램 sometimes.books

ISBN 979-11-985203-2-6 03100